CW01496288

Londres

Hampton Court

VOTRE GUIDE DE VOYAGE

Pratique et maniable, votre nouveau guide de voyage saura être pour vous un compagnon de tous les instants.

Il est divisé en trois parties destinées à en faciliter la consultation : une première partie à en-tête bleu, une deuxième à en-tête rouge et une troisième à en-tête grise.

La section à en-tête bleu, thématique, se compose d'une suite de rubriques classées par ordre alphabétique : circuits, excursions, musées, restaurants, vie nocturne, etc. Chaque rubrique comporte des renseignements détaillés - itinéraires, prix, heures d'ouverture, moyens d'accès, etc. - et s'accompagne d'une carte montrant clairement l'emplacement des lieux mentionnés dans le texte et les points de repère les plus proches. Si vous cherchez un restaurant pour dîner ou un musée à visiter, si vous voulez faire des achats ou partir en excursion, si vous avez envie de sortir le soir, consultez-la.

Les deux autres sections se présentent sous la forme de dictionnaires. La section à en-tête rouge contient des informations culturelles - faits historiques, personnages célèbres, hauts lieux géographiques - utiles pour répondre à votre curiosité et vous plonger dans l'atmosphère particulière d'une ville. La section à en-tête grise réunit des renseignements pratiques destinés à faciliter votre séjour : types de logement, gastronomie locale, journaux, moyens de paiement ou de déplacement, coutumes régionales, etc.

Un système de renvois permet de cheminer entre les diverses sections. Les mots en petites capitales - ex. « voir RESTAURANTS » - signalent un titre de rubrique dans la section à en-tête bleu. Vous trouverez donc un complément d'informations en vous y reportant. Les mots en caractères gras - ex. « voir **Restaurants** » - vous invitent à rechercher ce mot dans la section à en-tête grise. L'astérisque après un nom* renvoie aux informations culturelles de la section à en-tête rouge.

Armé de votre guide, indispensable vade-mecum, rempli d'informations et facile à consulter, voyagez tranquille.

INTRODUCTION

Le long du pont de chemin de fer de Charing Cross, il est une passerelle étroite, d'aspect fragile, connue sous le nom de Hungerford Footbridge, qui permet de traverser la Tamise à pied depuis le quai Victoria jusqu'à la rive droite. Empruntez cette passerelle par une belle soirée et arrêtez-vous au milieu. Si vous arrivez à oublier le passage des trains et le tremblement du sol sous vos pieds, vous pourrez admirer la splendeur d'un panorama qui paraît résumer la nature unique de Londres. Dans le paysage constellé de lumières déployé devant vous, le présent et le passé coïncident dans la beauté, et la ville se montre à vous dans la richesse de son histoire et dans la force de sa modernité. Ici la Tamise, comme si elle se resserrait sur elle-même avant son ultime jaillissement dans la mer quatre-vingts kilomètres plus loin, change de cap et, quittant la direction du nord, oblique à l'ouest, dérobant sa rive droite à la vue et déployant sa rive gauche en une longue courbe qui se referme. A votre droite - très impressionnante la nuit -, vous avez de votre main la modernité exemplaire du South Bank Centre (Centre Rive sud) : d'abord, le Royal Festival Hall, dont la façade de verre, resplendissante de lumière, donne sur le fleuve ; plus loin, les formes géométriques estompées du Queen Elizabeth Hall et de la Hayward Gallery, dominées par la tour lumineuse de la London Weekend Television. A votre gauche, à la limite de la visibilité, vous découvrez dans la courbe du fleuve un panorama beaucoup plus complexe, d'une grande richesse architecturale. Des tours scintillent dans le lointain : Telecom Tower, Centrepoint, les tours Barbican, la tour Nat-West. Se détachant dans le ciel nocturne, elles proclament Londres cité de la fin du XXe siècle. Plus proches, ou paraissant tels parce qu'ils sont illuminés, d'autres points de repère surgissent : la Shell-Mex House de 1930, la Somerset House de la fin du XVIIIe siècle, le clocher du début du XVIIIe siècle de St Bride, celui de St Paul datant du XVIIe siècle. C'est une autre image de Londres, celle d'une ville qui a grandi siècle après siècle, jour après jour. Les deux notions ne sont pas incompatibles. Londres a toujours été prête à se renouveler, mais jamais au point d'effacer toute trace de son passé. Chaque période de son histoire - l'époque romaine, le temps des Saxons et des Normands, la Londres médiévale, les Tudors, l'époque élisabéthaine, celle des Stuarts, la ville géorgienne, la Régence, l'ère victorienne - subsiste au

milieu des constructions du xxe siècle.

En regardant maintenant au-delà de Waterloo Bridge en direction du nord, vous verrez où Londres a commencé son existence.

En l'an 43, les légions de l'empereur romain Claude établissent sur le relief de Cornhill une colonie qu'ils appellent Londinium. Quatre-vingts ans plus tard, la colonie s'est étendue à la colline voisine de Ludgate Hill ; elle est devenue la plus grande ville de Grande-Bretagne. Il faut tout de même attendre le xie siècle pour que Londres remplace Winchester en tant que capitale de l'Angleterre, mais, par la suite, ce statut ne lui sera jamais contesté. Au xixe siècle, l'ancien avant-poste de l'Empire romain devient le pivot de l'Empire britannique. Cette gloire n'est plus, mais Londres demeure la cité-mère du Commonwealth. Dans une lettre à James Boswell, son biographe, l'écrivain Samuel Johnson* (1709-1784) écrivait : « Il y a à Londres tout ce que la vie peut offrir ». Cette remarque est aussi vraie aujourd'hui qu'elle l'était à l'époque. Il y a de multiples façons de tirer du plaisir de la ville. Vous pouvez l'aborder dans sa dimension historique, en vous concentrant sur la Londres géorgienne ou victorienne par exemple, ou la sillonner quartier après quartier : les Docklands, la City proprement dite, Soho, Westminster, Greenwich, Chelsea, Notting Hill, Highgate. Ou peut-être vous attacherez-vous à visiter des édifices particuliers, comme St Paul, la tour de Londres, Greenwich Hospital, Westminster Abbey, Buckingham Palace. Si vous vous sentez en veine de dépenses, vous pourrez mettre à l'épreuve la réputation des magasins londoniens en fouinant dans des lieux comme Oxford Street, Bond Street, Burlington Arcade, Jermyn Street, Knightsbridge, King's Road. Si vous préférez le pittoresque, vous aimerez l'ambiance marché aux puces de Portobello Road, Camden Lock, Petticoat Lane ou Bermondsey Market. Si la foule vous fatigue, vous trouverez un répit en vous promenant dans Hampstead Heath ou en flânant dans l'un des nombreux parcs de Londres, Hyde Park par exemple, où vous pourrez faire un tour en canot, pratiquer le golf sur green ou écouter un concert. Revigoré, vous désirerez peut-être visiter un musée, le British Museum, mondialement connu, ou le Victoria and Albert Museum, non moins célèbre. Et si vous êtes amateur d'art, ne manquez pas la National Gallery, la Tate ou Whitechapel. Le soir, vous aurez peut-être envie d'aller à l'opéra ou au concert, à un spectacle à Covent Garden ou d'assister à un récital au Queen Elizabeth Hall. Mais si vous rêvez de théâtre, vous choisirez une comédie dans l'un des théâtres de Shaftesbury Avenue, ou une tragédie shakespearienne au Barbican. Enfin, si vos préférences vont aux cérémonies et à la tradition, Londres a tout pour vous plaire. Essayez d'assister à l'une au moins des manifestations suivantes : cérémonie des clés à la Tour de Londres, relève de la garde à Buckingham Palace, salut aux couleurs, ouverture de la session parlementaire, Doggett's Coat and Badge Race (course de bateaux sur la Tamise) ou procession du Lord-Maire.

Et, par une belle soirée, vous pourrez décider de traverser à pied Hungerford Footbridge sans avoir rien d'autre à l'esprit que d'admirer la vue et d'observer la Tamise qui s'éloigne doucement. Londres se prête à tous les états d'âme.

Elizabeth Claridge

Albert Memorial

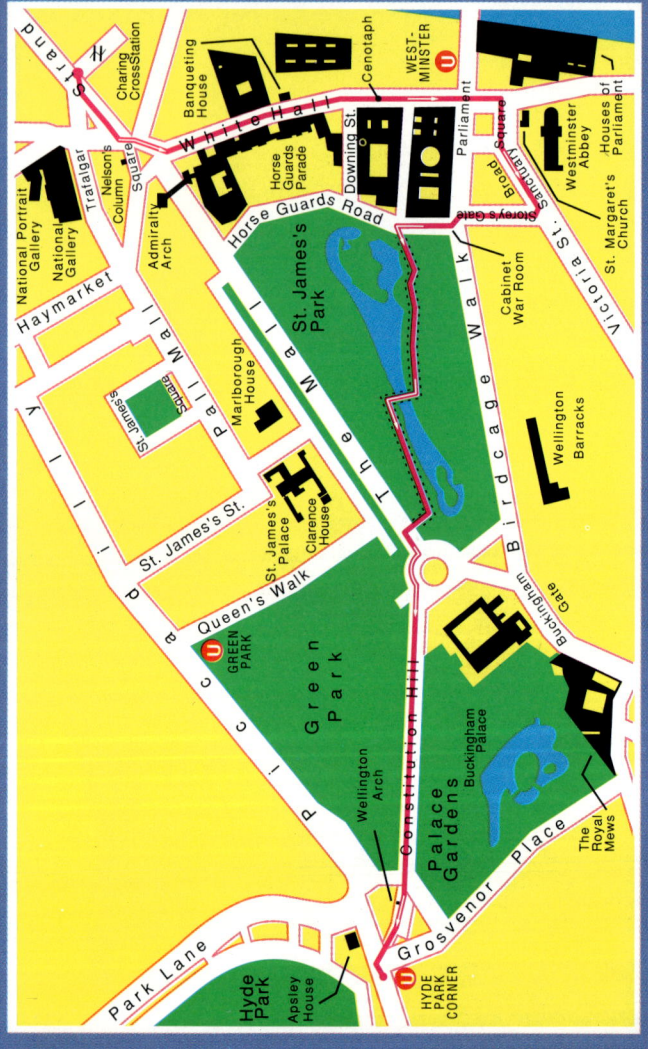

5 h. Partez de la station (gare et métro) de Charing Cross.
La cour de la gare contient une réplique de la croix (la *Charing Cross*)
qui a marqué, en 1290, le dernier arrêt du cortège funèbre d'Aliénor de
Castille, femme d'Edouard Ier. Tournez à gauche dans le Strand,
traversez Northumberland Avenue, puis prenez encore à gauche au
début de Whitehall. De là on peut voir Trafalgar Square*, ses fontaines,
ses lions de pierre et ses pigeons, ainsi que la façade de la National
Gallery qui le domine (voir MUSÉES 3). Continuez dans Whitehall
jusqu'à Banqueting House (mar.-sam. : 10h-17h, dim. : 14h-17h.
Entrée : 80 p. ; enfants : 40 p.), édifice dessiné par Inigo Jones (1622)
pour Jacques Ier, initialement conçu pour faire partie du palais de
Whitehall. L'admirable plafond peint par Rubens fut commandé par
Charles Ier en 1629. Traversez Whitehall jusqu'à l'entrée des Horse
Guards où l'on peut voir les sentinelles à cheval de la Household
Cavalry (lun.-sam. : 11h-16h, dim. : 10h-16h).
Poursuivez dans Whitehall, dépassez le Cabinet Office, une vaste
construction du XIXe siècle où se réunit le Conseil des ministres. En face,
le ministère de la Défense. Tout de suite à votre droite, une ruelle
fermée au public, Downing Street. Le numéro 10, résidence
londonienne du Premier ministre, se distingue par son unique
luminaire au-dessus du porche et par la présence d'un policier qui
monte la garde. Whitehall prend fin au Cénotaphe, monument élevé à
la mémoire des morts des deux guerres mondiales. Parliament Street
prolonge Whitehall et débouche sur le palais de Westminster*, plus
connu à Londres sous le nom de « Houses of Parliament », et sur la
tour de l'Horloge, dite « Big Ben »*. Faites le tour de Parliament Square
et prenez Broad Sanctuary. Devant vous se dresse l'abbaye de
Westminster* (voir aussi ÉGLISES). Traversez pour rejoindre Storey's Gate
puis Horse Guards Road. Au début de King Charles Street se trouve le
Centre opérationnel (Cabinet War Rooms) qui fut le PC souterrain de
Churchill (10h-17h50. Entrée : £3 ; enfants : £1,50). Entrez dans
St James's Park (voir PARCS) et promenez-vous au bord du lac. Traversez
le pont et prenez le Mall en direction de Buckingham Palace* (voir
aussi CURIOSITÉS TOURISTIQUES). Visitez la Queen's Gallery (voir MUSÉES
3) ou découvrez dans les Mews les attelages royaux (mer.-jeu. : 14h-
16h. Entrée : £1 ; enfants : 50 p) avant de monter Constitution Hill et
d'atteindre Apsley House* au coin de Hyde Park* (voir aussi PARCS). La
promenade se termine au métro Hyde Park.

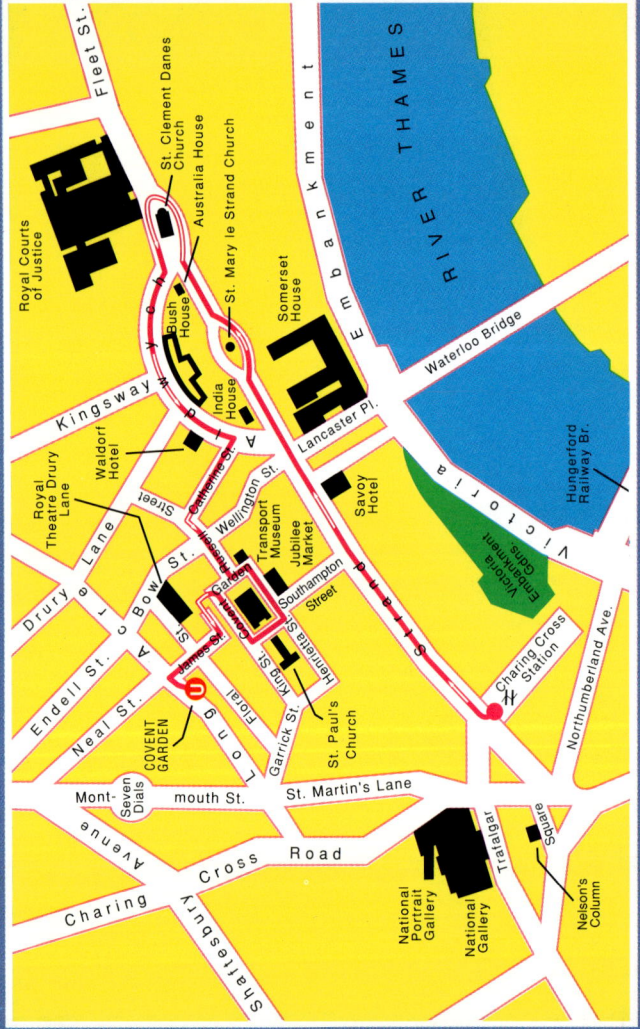

Covent Garden

1 h 30. Partez de Charing Cross Station (gare et métro).

Tournez à droite, sortez de la cour de la gare et remontez le Strand, passez devant le théâtre Adelphi, le théâtre Vaudeville et, à gauche, Southampton Street qui va droit vers Covent Garden. Plus loin sur la droite, au fond d'une ruelle, se trouve l'entrée du Savoy. L'hôtel actuel a été construit en 1889 sur l'emplacement d'un palais du XIIIe siècle, résidence du comte de Savoie. A quelques pas de là se trouve Simpson's, un restaurant anglais traditionnel (voir **RESTAURANTS 1**). Traversez la rue qui mène à Waterloo Bridge pour rejoindre Somerset House. Construite sur l'emplacement d'un ancien palais Tudor, cet édifice du XVIIIe siècle abrite des ministères. Ses étages supérieurs accueilleront bientôt la collection d'art de l'Institut Courtauld (voir **MUSÉES 3**). Dépassez King's College et l'église baroque de St Mary-Le-Strand ; traversez le Strand en diagonale, et passez devant St Clement Danes, l'église de la RAF ; puis continuez jusqu'aux Royal Courts of Justice (Palais de Justice), de style gothique. Là finit le Strand et commence Fleet Street. A l'extrémité est du Palais de Justice se dresse Temple Bar, monument qui marque la limite entre Westminster et la City of London. Pour franchir cette frontière symbolique, le monarque régnant doit traditionnellement être accueilli par le Lord-Maire de Londres.

Faites demi-tour et engagez-vous dans le croissant d'Aldwych. En face se trouvent Australia House, Bush House (siège du BBC World Service) et India House. Traversez Kingsway et continuez en passant devant le Waldorf Hotel, avant de tourner à droite dans Catherine Street et de pousser jusqu'au Royal Theatre, Drury Lane (voir **THÉÂTRES**). Prenez à gauche dans Russell Street. A droite se trouve Bow Street et le Royal Opera House (voir **CONCERTS ET BALLETS**). Devant vous se dresse Covent Garden, ancien marché aux fruits, aux légumes et aux fleurs, qui fut transféré à Nine Elms (près de Vauxhall) en 1974. Les bâtiments du vieux marché ont été transformés en centre commercial en 1980 (voir **QUARTIERS COMMERÇANTS**). En se promenant dans la zone piétonne, on passe devant le Transport Museum (voir **MUSÉES 2**), le Jubilee Sports Hall et le Jubilee Market (voir **MARCHÉS**).

De l'autre côté de la place s'élève l'église St Paul, construite par Inigo Jones en 1633, et surnommée « église des acteurs ». Son porche servit de lieu de rencontre aux héros du Pygmalion de Bernard Shaw (1856-1950. Remontez ensuite James Street jusqu'à la station Covent Garden.

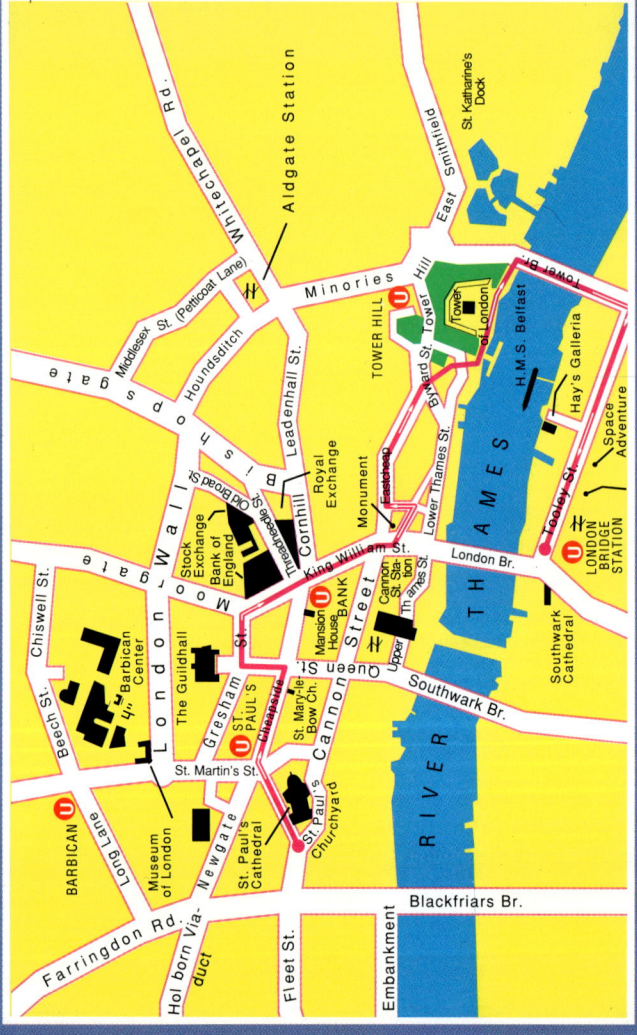

La City

3 h 30. Partez de la cathédrale St Paul* (voir aussi **ÉGLISES**).
Après avoir admiré la cathédrale, traversez Paternoster Square et
rejoignez la station de métro St Paul, puis suivez Cheapside jusqu'à
St Mary-Le-Bow, autre église construite par Wren (1683). Traversez
Cheapside, tournez à gauche dans Kingly Street, passez Gresham Street
et continuez jusqu'à l'église St Lawrence, construite sur l'emplacement
d'un quartier juif du XVIIe siècle. Devant vous se trouve le Guildhall,
siège de l'administration locale de la City. Le Grand Hall est ouvert aux
visiteurs, sauf lors des réunions du conseil municipal. Il y a aussi un
musée de l'Horlogerie (entrée par Aldermanbury).
Descendez Gresham Street et suivez Princes Street jusqu'au métro
Bank après la Banque d'Angleterre. A gauche, le Royal Exchange, de
style classique (1842-1844) et, devant vous à droite, Mansion House,
résidence officielle du Lord-Maire de Londres (fermée au public).
Empruntez le passage souterrain et remontez dans King William Street,
devant l'église St Mary Woolnoth (1716-1724), étonnante création d'un
disciple de Wren, Nicholas Hawksmoor, puis prenez le passage
souterrain suivant jusqu'à la station de métro Monument.
Tournez d'abord à gauche dans Monument Street, qui vous conduit au
monument commémorant le Grand Incendie* de Londres en 1666.
Prenez à gauche dans Pudding Lane où se trouvait la boulangerie d'où
le feu est parti. Tournez à droite dans Eastcheap, et continuez jusqu'au
passage souterrain suivant qui mène directement à la Tour de Londres*
(voir aussi **CURIOSITÉS TOURISTIQUES**). Après avoir visité les bâtiments de
la Tour et leurs trésors, prenez le chemin du retour en rejoignant le
métro Tower Hill, ou visitez encore St Katherine's Dock et détendez-
vous au Dicken's Inn. Vous pouvez aussi traverser Tower Bridge par la
passerelle qui surplombe le fleuve (voir **CURIOSITÉS TOURISTIQUES**), puis,
parvenu de l'autre côté, tournez à droite dans Tooley Street, que vous
emprunterez pour prendre Battlebridge Lane qui conduit à la Hays
Galleria, ancien entrepôt abritant aujourd'hui des boutiques
intéressantes. Cette même rue conduit au HMS *Belfast* (voir **MUSÉES 2**).
De l'autre côté de Tooley Street se trouve le London Dungeon (voir
ENFANTS), un musée des horreurs qui illustre des événements
historiques macabres. Traversez la route du London Bridge jusqu'à
Southwark Cathedral (voir **ÉGLISES**), tournez à gauche dans Borough
High Street jusqu'à George Inn (voir **PUBS**) et terminez votre promenade
à la station de métro London Bridge.

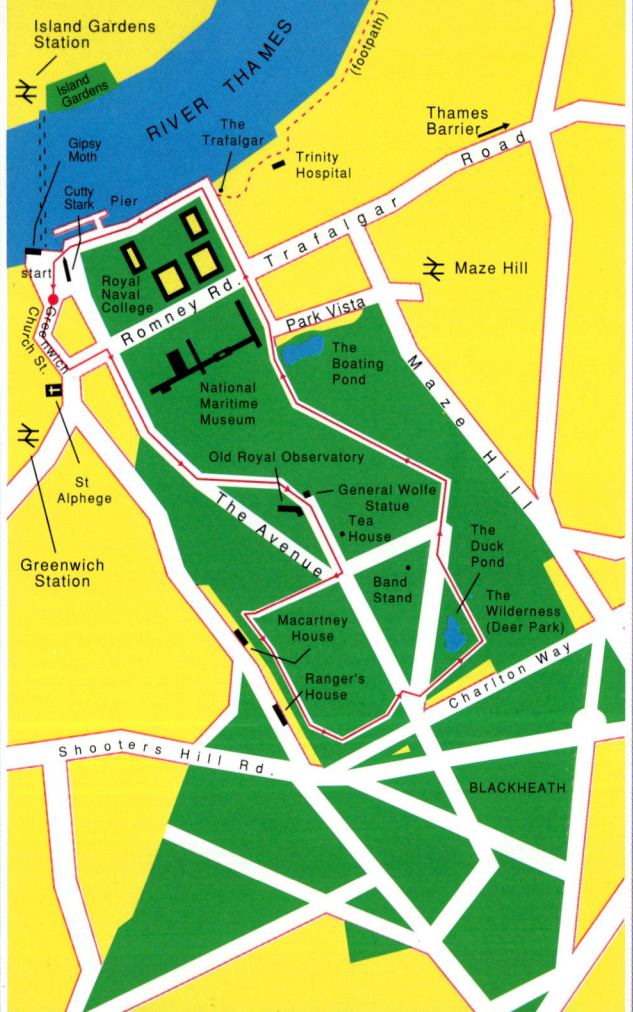

Greenwich Park

1/2 journée. A 8 km du centre de Londres, à l'est. Trains de Charing Cross à Greenwich ou Maze Hill (30 mn). Le Docklands Light Railway (DLR) relie Tower Gateway à Island Gardens (30 mn, plus 10 mn de marche à pied dans le passage souterrain). On peut aussi y aller en bateau : de l'embarcadère de Westminster Pier (45 mn), de Charing Cross Pier (30 mn) ou de Tower Pier (20 mn). Commencez à Greenwich Pier et montez à bord du *Cutty Sark*, bel exemple de trois-mâts du XIXe siècle, clipper qui servait au transport du thé (lun.-sam. : 10h-18h, dim. : 10h-12h. Entrée : £1,40 ; enfants : 70 p.). Vous pouvez aussi visiter le *Gipsy Moth IV*, sur lequel Francis Chichester fit son tour du monde en solitaire en 1966-1967 (lun.-sam. : 10h-18h. Entrée : 30 p ; enfants : 20 p). A votre gauche, l'École navale (Royal Naval College) et son Painted Hall sont ouverts au public. Remontez Greenwich Church Street, passez devant l'office du tourisme situé à l'entrée d'un excellent marché, ouvert tous les jours. En haut à droite, on peut voir l'église St Alphège, œuvre de Hawksmoor, dédiée à l'archevêque de Canterbury, assassiné ici en 1012. Tournez à gauche dans Nelson Road, à droite dans King William Walk, et entrez dans le parc par St Mary's Gate. Visitez le musée national de la Marine qui s'élève à votre gauche (lun.-sam. : 10h-18h, dim. : 10h-14h. Entrée : £3 ; enfants : £1,50). L'accès au Old Royal Observatory est inclus dans le prix de la visite. Montez la colline jusqu'à l'observatoire, qui abrite aujourd'hui une collection d'instruments d'astronomie. A l'extérieur, on peut enjamber le méridien de Greenwich ! Du toit, une « boule horaire » (qui sert de signal pour la navigation sur la Tamise) tombe tous les jours à une heure de l'après-midi. Suivez Blackheath Avenue jusqu'au salon de thé, où vous pouvez reprendre des forces après votre escalade ! Dirigez-vous à droite vers Macartney House (fermée au public), maison d'enfance du général Wolfe qui partit pour le Québec en 1759. Tournez à gauche et montez à la Ranger's House (maison du garde forestier). Construite en 1688, elle abrite la collection Suffolk, qui rassemble des portraits de l'époque de Jacques Ier (entrée libre). Redescendez par le parc jusqu'à un endroit nommé « Wilderness », où vous rencontrerez des écureuils, des canards et des biches. Par la porte de Park Row, descendez jusqu'à Trafalgar Tavern, puis bifurquez à gauche pour vous promener le long du Collège. Vous rejoindrez alors l'embarcadère. Vous pouvez aussi, si vous le voulez, faire une promenade en bateau jusqu'au Barrage de la Tamise* (Thames Barrier).

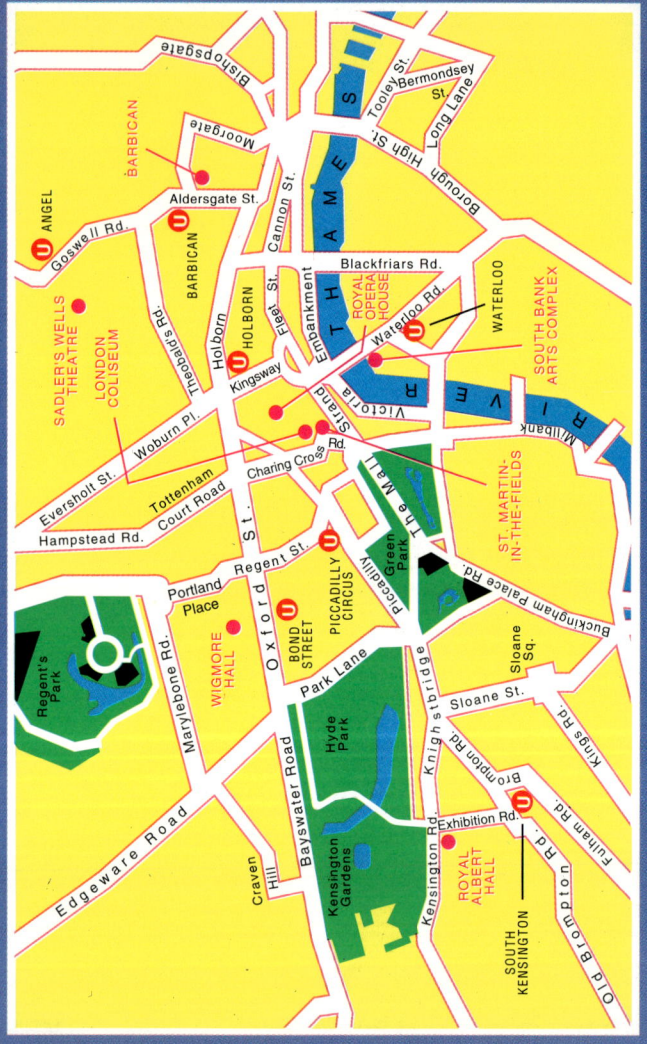

CONCERTS ET BALLETS

SOUTH BANK ARTS COMPLEX (centre culturel), South Bank,
SE1. Gare/Mᵒ : Waterloo.
*Rendez-vous au Festival Hall pour entendre le British Symphony
Orchestra, au Queen Elizabeth Hall pour la musique de chambre et à la
Purcell Room pour les récitals.*

ROYAL ALBERT HALL, Kensington Gore, SW7.
Mᵒ : South Kensington.
*Superbe salle de concerts de style victorien, surtout connue pour ses
« Promenade Concerts » (les « Proms ») de sir Henry Wood (juil.-sept.).*

BARBICAN HALL, Barbican Centre, EC2.
Mᵒ : Barbican (fermé le dimanche), Moorgate.
*Le London Symphony Orchestra et l'English Chamber Orchestra y
donnent régulièrement des concerts.*

ROYAL OPERA HOUSE, Bow Street, WC2.
Location des places dans Floral Street. Mᵒ : Covent Garden.
*Ballets et opéras classiques. Siège de deux compagnies universellement
connues : le Royal Ballet et le Royal Opera.*

LONDON COLISEUM, St Martin's Lane, WC2.
Gare/Mᵒ : Charing Cross.
*Une des plus grandes salles de Londres, siège de l'English National
Opera.*

WIGMORE HALL, Wigmore Street, W1.
Mᵒ : Oxford Circus, Bond Street.
*Cette célèbre salle de concerts reçoit de jeunes solistes encore peu
connus. Programmes variés.*

SADLER'S WELLS THEATRE, Rosebery Avenue, EC2.
Mᵒ : Angel Islington.
*Accueille les spectacles de la Sadler's Wells Ballet Company, mais aussi
des opérettes (par exemple Gilbert et Sullivan).*

ST MARTIN-IN-THE-FIELDS, Trafalgar Square, WC2.
Mᵒ : Charing Cross.
*Tous les jours, à l'heure du déjeuner, des concerts de musique de
chambre et de musique chorale sont offerts dans la célèbre église.*

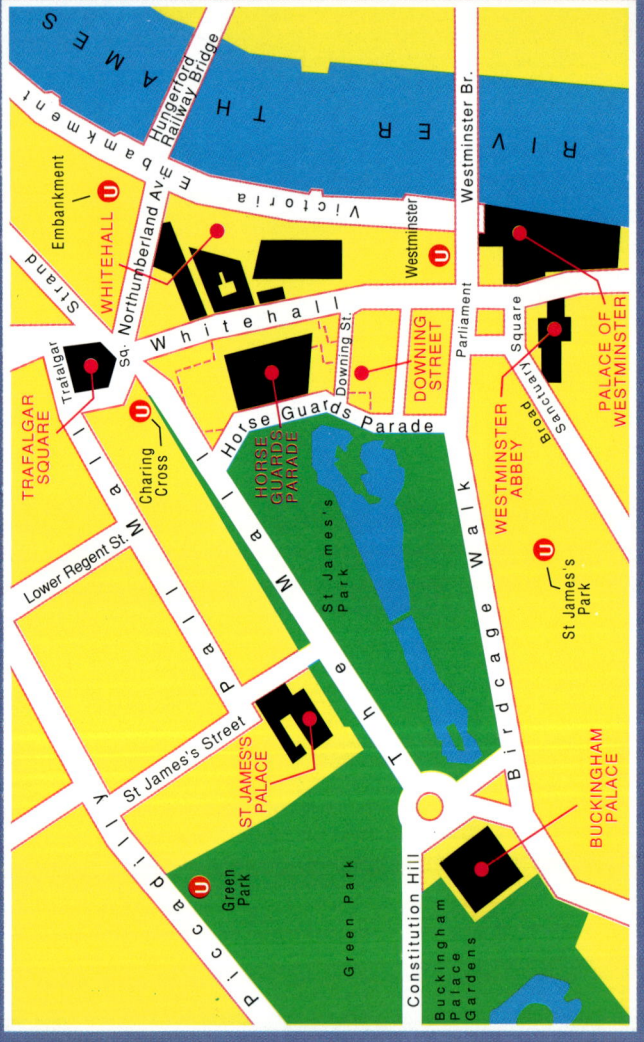

CURIOSITÉS TOURISTIQUES

BUCKINGHAM PALACE*
Ne se visite pas, à l'exception de la Queen's Gallery (voir MUSÉES 3) et des Royal Mews (écuries royales). M° : Victoria, Hyde Park Corner.
Résidence officielle des monarques depuis la reine Victoria. Si le pavillon royal est hissé, la reine séjourne dans le palais.

PALAIS DE WESTMINSTER*, Parliament Square, SW1.
M° : Westminster.
C'est le siège du Parlement anglais (Chambre des communes et Chambre des lords). L'accès aux bâtiments est restreint pour des raisons de sécurité.

ST JAMES'S PALACE, Pall Mall, SW1.
M° : Green Park.
Jadis palais favori du roi ou de la reine, St James's abrite aujourd'hui les bureaux de la reine ainsi que Clarence House, résidence de la reine-mère. Ne se visite pas.

WHITEHALL*
M° : Charing Cross, Westminster.
Siège et centre du Gouvernement britannique. Voir CIRCUIT 1.

HORSE GUARDS PARADE, Whitehall, SW1.
M° : Charing Cross, Westminster.
Il faut voir la cavalerie de la Garde royale en faction à Whitehall. Voir CIRCUIT 1.

WESTMINSTER ABBEY*, Broad Sanctuary, SW1.
M° : Westminster
Visitez le Poets' Corner, la tombe du Soldat inconnu et le trône du couronnement. Voir aussi ÉGLISES et CIRCUIT 1.

TRAFALGAR SQUARE*, Trafalgar Square, SW1.
M° : Charing Cross.
La colonne Nelson et les fontaines.

DOWNING STREET, 10 Downing Street, SW1.
M° : Westminster, Charing Cross.
Résidence officielle du Premier ministre depuis 1735. Voir CIRCUIT 1.

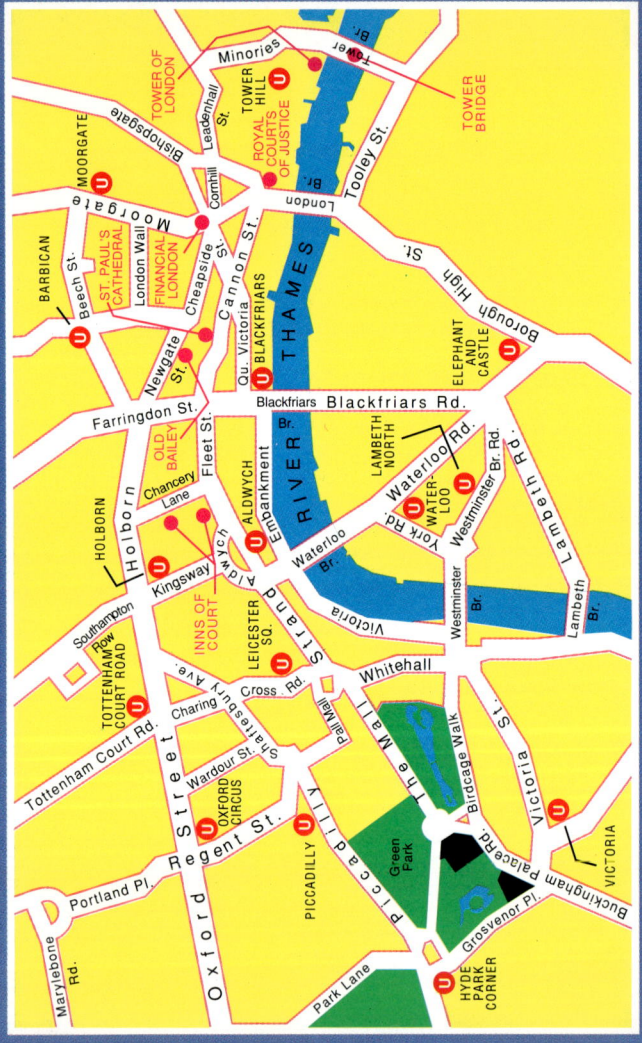

CURIOSITÉS TOURISTIQUES

TOUR DE LONDRES*, Tower Hill, EC1.
● Lun.-sam. : 9h30-17h, dim. : 14h-17h. Mᵒ : Tower Hill. ■ Entrée : £4,50 ; enfants : £2.
Tour à tour forteresse, palais, prison et ménagerie royale, elle abrite aujourd'hui les joyaux de la Couronne et les Royal Armouries (armureries), également très précieuses. Voir **CIRCUIT 3**.

TOWER BRIDGE*
● Musée et passerelles : 10h-18h30 (16h45 de novembre à mars). Mᵒ : Tower Hill. ■ Entrée : £2 ; enfants : £1.
L'un des monuments les plus photographiés de Londres. Depuis les passerelles, vous découvrirez de beaux panoramas sur la Tamise. Construit en 1894. Voir **CIRCUIT 3**.

ROYAL COURTS OF JUSTICE, Strand, WC2.
● Lun.-ven. : 9h30-16h30. Fermé en août et sept. Mᵒ : Temple.
Principaux tribunaux de droit civil d'Angleterre. Les procès sont publics (à partir de 14 ans).

OLD BAILEY, Old Bailey/Newgate Street.
● Lun.-ven. : 10h30-13h et 14h-16h. Fermé août et début sept. Mᵒ : St Paul's.
Le tribunal criminel le plus important d'Angleterre. Les procès sont publics (à partir de 14 ans).

ST PAUL'S CATHEDRAL*, Ludgate Hill, EC4.
Mᵒ : St Paul's.
Impressionnant point de repère dans le paysage de la ville. Visitez le dôme et la galerie des Murmures (Whispering Gallery). Voir aussi **ÉGLISES**, **CIRCUIT 3**.

LE QUARTIER DE LA FINANCE, Bank, EC2.
Mᵒ : Bank.
La Banque d'Angleterre, le Stock Exchange, le Royal Exchange, Mansion House (résidence officielle du Lord-Maire de Londres). Voir **CIRCUIT 3**.

INNS OF COURT, Gray's Inn, WC1 ; Lincoln's Inn, WC2 ; Middle Temple and Inner Temple, EC4.
Mᵒ : Chancery Lane, Holborn, Temple.
En ces lieux historiques, des générations d'avocats anglais ont appris leur métier. Le public est admis dans certains bâtiments.

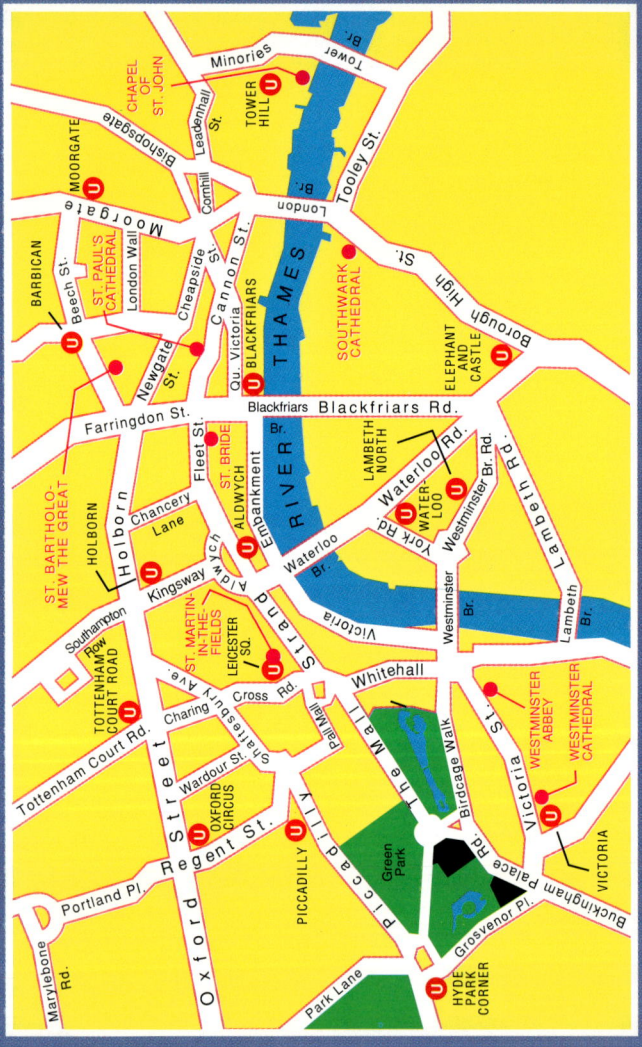

ST PAUL'S CATHEDRAL*, Ludgate Hill, EC4.
Mᵒ : St Paul's. L'accès à certaines parties est payant.
Œuvre de l'architecte Wren qui la reconstruisit de 1675 à 1702..

WESTMINSTER ABBEY*, Broad Sanctuary, SW1.
● Lun.-ven. : 9h-16h, sam. : 9h-14h et 15h45-17h. Mᵒ : Westminster.
■ Visite des chapelles royales, entrée : £2 ; enfants : £1 (entrée libre le mercredi de 18h à 19h45).
Superbe construction gothique (1269). L'église est le lieu des couronnements royaux depuis 1066.

WESTMINSTER CATHEDRAL, Ashley Place, SW1.
● Visites de 6h45 à 20h. Gare/Mᵒ : Victoria.
Cathédrale catholique de style byzantin édifiée de 1895 à 1903. A l'intérieur, on admirera sa mosaïque et la diversité de ses marbres.

ST BARTHOLOMEW-THE-GREAT, West Smithfield, EC1.
● Lun.-sam. : 8h-16h (sauf ven. : 10h45-16h), dim. : 8h-20h.
Mᵒ : St Paul's. Concerts à midi.
La plus ancienne église paroissiale de Londres, fondée en 1123 et restaurée dans les années 1860.

ST BRIDE, Fleet Street, EC4.
● 9h-17h. Mᵒ : Blackfriars.
Datée de 1670, l'église est célèbre pour son fameux clocher en « gâteau de mariage » de Wren. Le musée de la Crypte retrace l'histoire de Fleet Street et le rôle de St Bride comme « église des imprimeurs ».

SOUTHWARK CATHEDRAL, Borough High Street, SE1.
Mᵒ : London Bridge. Concerts lun.-mar. : 13h.
Un des édifices les plus imposants de la Londres médiévale (1206).

ST JOHN'S CHAPEL, Tower of London, EC3.
● Lun.-sam. : 9h30-17h, dim. : 14h-17h. Mᵒ : Tower Hill. ■ Entrée : £4,50 ; enfants : £2.
L'un des plus beaux exemples du style roman en Angleterre.

ST MARTIN-IN-THE-FIELDS, Trafalgar Square, WC2.
Concerts à l'heure du déjeuner. Gare/Mᵒ : Charing Cross.
Cet édifice, de style grec (1726), est l'église paroissiale de la Reine.

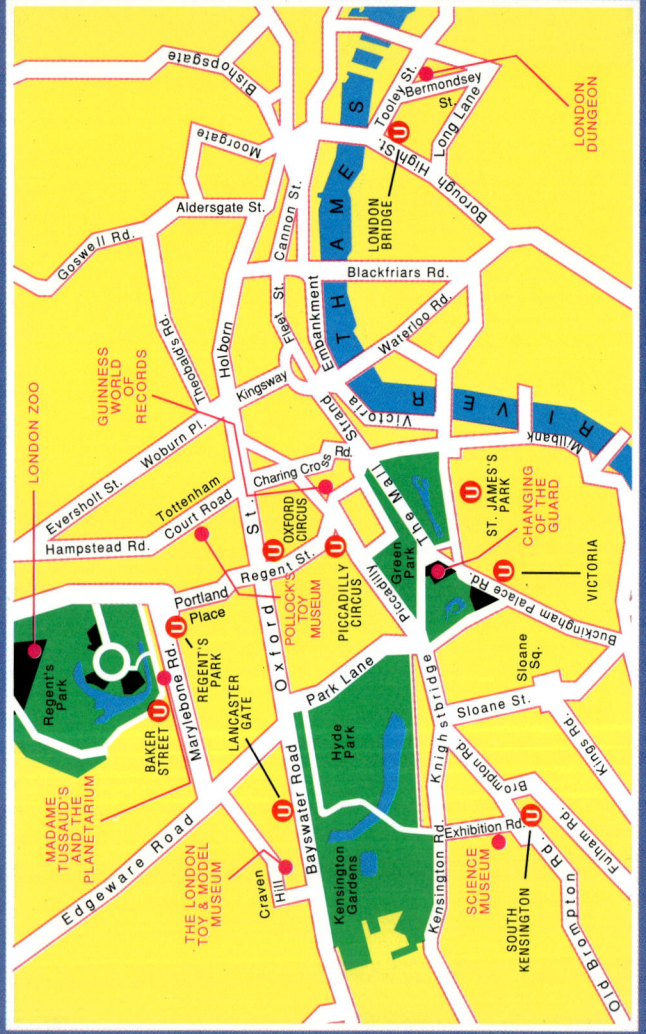

LONDON ZOO, Regent's Park, NW1.
● Horaires d'été : 9h-18h. Horaires d'hiver : 10h-16h. M° : Regent's Park. ■ Entrée : £4,30 ; enfants de moins de 15 ans : £2,60 ; gratuit en dessous de 5 ans.
Un grand nombre d'animaux exotiques. Le Children's Zoo abrite une grande variété d'animaux familiers.

SCIENCE MUSEUM, Exhibition Road, SW7.
● Lun.-sam. : 10h-18h, dim. : 11h-18h. M° : South Kensington.
■ Entrée : £2 ; enfants : £1.
Découvrez la science et la technique au travers de modèles réduits..

RELÈVES DE LA GARDE, Buckingham Palace, SW1.
● 11h30 tous les jours d'avril à la mi-août. Un jour sur deux en hiver. M° : St James's Park.
Tout le faste et l'apparat militaires.

GUINNESS WORLD OF RECORDS, Piccadilly Circus, W1.
● 10h-22h. M° : Piccadilly Circus. ■ Entrée : £3,80 ; enfants : £2,40.
L'univers des records. Démonstrations grandeur nature, maquettes.

POLLOCK'S TOY MUSEUM, 1 Scala Street, W1.
● Lun.-sam. : 10h-17h. M° : Goodge Street. ■ Entrée : 80 p ; enfants : 40 p.
Charmante collection de jouets, de poupées et de jeux anciens.

MADAME TUSSAUD'S, Marylebone Road, NW1.
● 10h-17h30. M° : Baker Street. ■ Entrée : £4,30 ; enfants de moins de 15 ans : £2,80.
Ce musée de cire vous permettra de retrouver vos idoles favorites ou de frissonner d'effroi dans la chambre des horreurs.

LONDON DUNGEON (le cachot de Londres), 28-34 Tooley Street, SE1.
● 10h-17h30. M° : London Bridge. ■ Entrée : £4,50 ; enfants : £2,50.
Une présentation réaliste des méthodes de torture et d'exécution au Moyen Âge. Frissons assurés. Ne convient pas aux jeunes enfants.

THE LONDON TOY AND MODEL MUSEUM, Craven Hill, W2.
● Mar.-sam. : 10h-17h30, dim. : 11h-17h30. M° : Queensway.
■ Entrée : £2,20 ; enfants : £1,10.
Le jouet à travers les âges ; promenade en train à vapeur miniature.

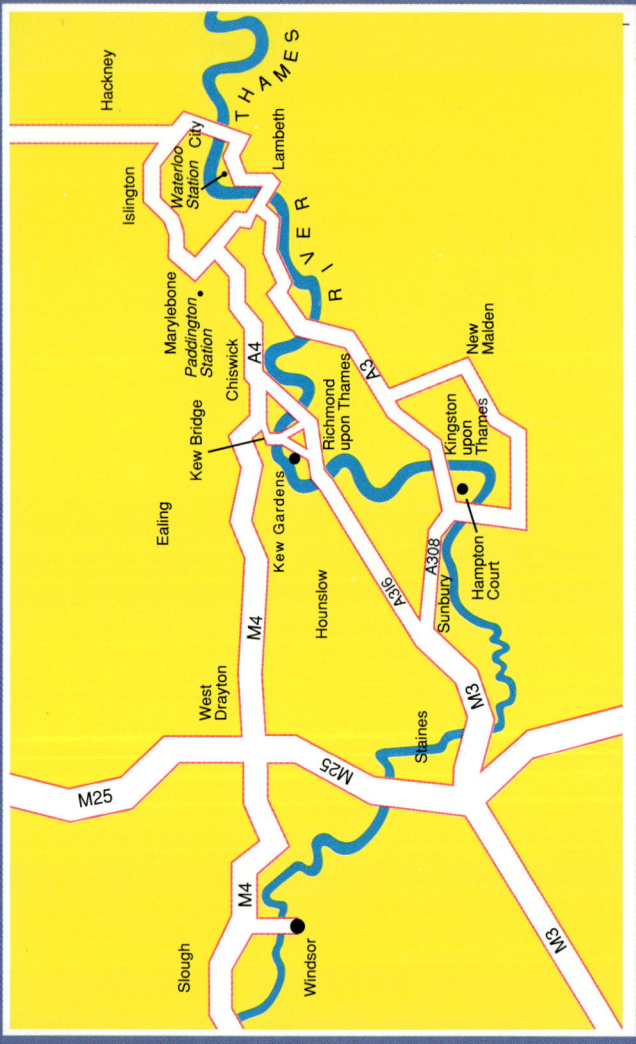

Excursions d'une journée

Kew Gardens. A 11 km à l'ouest du centre de Londres. M° : Kew
Gardens. Gare : Kew Bridge au départ de Waterloo. Les jardins royaux
de Kew : de 10 h à la tombée de la nuit. Serres, musée et galeries : de
11h à 17h30 (en hiver jusqu'à la tombée de la nuit). Dans cette
institution scientifique, on cultive et on étudie des plantes du monde
entier. Les jardins abritent aussi la magnifique Palm House, serre de
plantes tropicales construite en 1844, et le Kew Palace, du XVIIe siècle,
résidence d'été du roi George III. La bibliothèque de l'Orangerie (1861)
accueille parfois des expositions. Voir PARCS.

Hampton Court, Hampton, Middlesex. A 24 km au sud-ouest de
Londres. Gare : Hampton Court au départ de Waterloo. En été, lun.-
sam. : 9h30-18h, dim. : 11h-18h ; en hiver, lun.-sam. : 9h30-17h,
dim. : 14h-17h. Construit dans le plus pur style Tudor au début du
XVe siècle pour le cardinal Wolsey, favori de Henri VIII, le palais fut
remanié par Wren au début du XVIIe siècle. Ne manquez pas de visiter
la cour de l'Horloge, les appartements d'apparat, la Grande Salle et la
jolie cour de la Fontaine. Les jardins renferment le fameux labyrinthe
de Hampton Court.

Windsor. A 34 km à l'ouest de Londres. Gare : Windsor Riverside au
départ de Paddington ou Windsor Central au départ de Waterloo.
Windsor Castle, qui est la principale résidence de la famille royale hors
de Londres, est le plus grand château habité au monde. Les
appartements d'apparat et la maison de Poupée de la reine sont ouverts
au public (9h-17h). Montez sur le donjon pour apprécier le panorama.
En visitant les appartements, ne manquez pas les Michel-Ange, les
Rembrandt et les Vinci. Et admirez la belle chapelle gothique
St George. On peut aussi visiter les jardins de Savill (10h-18h, de mars
à novembre) et le grand parc de Windsor, dont les bois s'étendent
jusqu'au champ de courses d'Ascot. Allez voir aussi les personnages en
cire de Madame Tussaud à la gare de Windsor. De l'autre côté du
fleuve, Eton et son célèbre collège fondé en 1450 par Henri VI (lun.-
ven. : 14h-17h pendant les vacances scolaires).

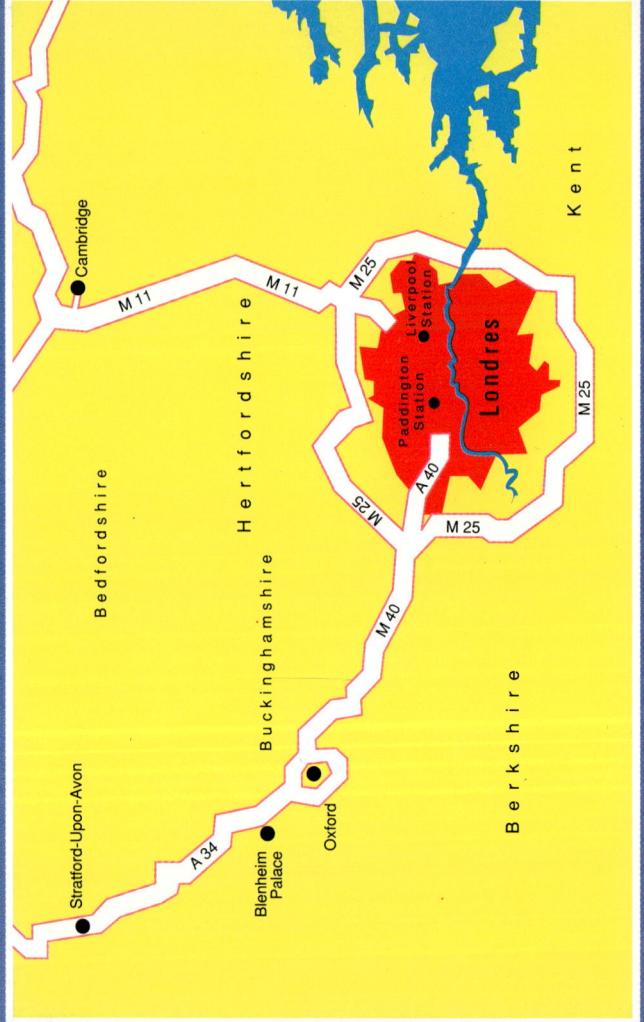

Excursions d'une journée

Oxford. A 90 km au nord-ouest de Londres. Gare : Oxford au départ de Paddington. En voiture : route A40 et autoroute M40 (90 mn env.). Il est conseillé de se garer à l'extérieur de la ville, le centre étant presque entièrement piétonnier. Cette vieille ville universitaire possède une atmosphère unique. En effet, elle combine le respect pour la tradition et le savoir - qui s'incarne dans un cadre architectural somptueux - avec la fougue de sa jeunesse estudiantine. L'Ashmolean Museum, dans Beaumont Street (lun.-sam. : 11h-16h, dim. : 14h-16h), est l'un des plus beaux d'Angleterre. Il renferme des objets archéologiques, des trésors d'art médiéval, une riche collection d'argenterie, des Michel-Ange et des Raphaël. Visitez High Street et Broad Street, bordées de superbes édifices : New College (l'un des plus anciens en fait, puisqu'il date de 1379) et Magdalene College, sans doute le plus beau d'Oxford avec sa tour gothique. Si vous désirez des précisions sur les visites guidées des bâtiments universitaires et de la magnifique bibliothèque Bodléienne, adressez-vous à l'office du tourisme.

Stratford-upon-Avon. A 155 km au nord-ouest de Londres et à 65 km au nord d'Oxford. Gare : Paddington et correspondance à Leamington Spa (2h30 env.), ou Euston jusqu'à Coventry, puis autocar (env. 2h). En voiture : route A40 et autoroute M40 jusqu'à Oxford, puis A34. La plupart des agences prennent des réservations pour des voyages organisés en autocar depuis Londres. Ne manquez pas de visiter la maison natale de Shakespeare (lun.-sam. : 9h-18h, dim. : 13h30-16h30) où le grand dramaturge naquit en avril 1564. Il mourut à New Place à l'âge de 52 ans et fut inhumé au cimetière de Trinity Street. En automne, la Royal Shakespeare Company donne jusqu'à six pièces au Royal Shakespeare Theatre à Waterside. Pour les amateurs de théâtre, c'est une occasion rêvée de voir Shakespeare joué par les plus grands acteurs du monde. Pour tous renseignements complémentaires et pour réserver, téléphonez au (0789)69191. Les Bancroft Gardens méritent aussi une visite. A 3 km à l'ouest de Stratford se trouve la chaumière où Anne Hathaway, la seconde femme de Shakespeare, naquit et vécut jusqu'à son mariage avec le chantre d'Avon (arrêt d'autobus : American Fountain). Mary Arden, la mère de Shakespeare, habitait Wilmcote, à 6 km environ de Stratford. Sa maison abrite aujourd'hui un musée de l'agriculture.

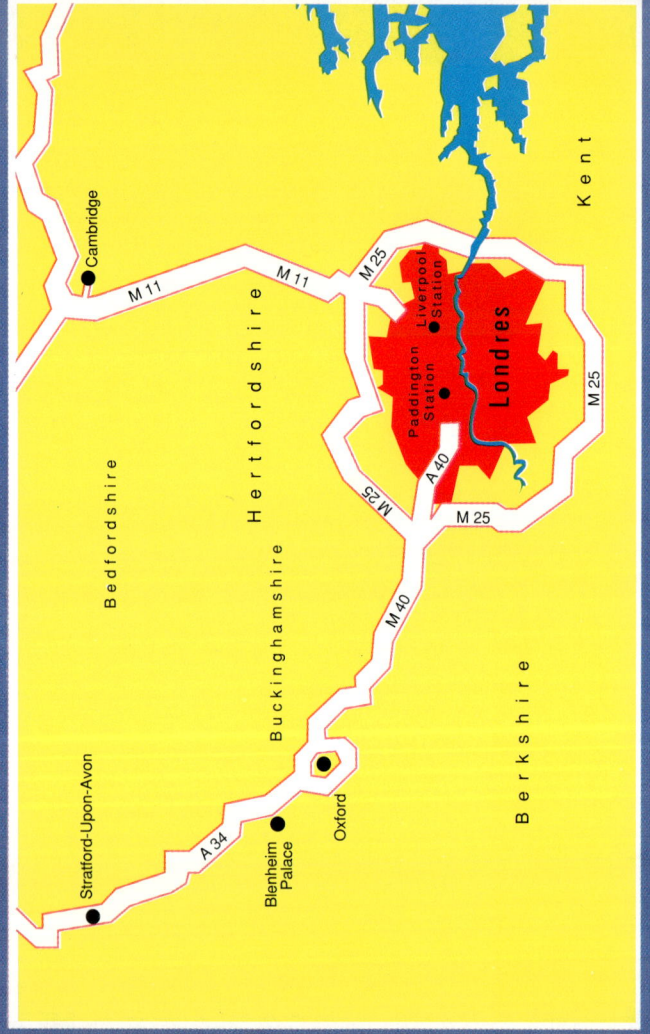

Cambridge. A 86 km au nord de Londres. Gare : Cambridge au départ de Liverpool Street (75 mn env.). En voiture : autoroute M11 (env. 90 mn). Office du tourisme : Wheeler Street, tél. : (0223) 322640. Cette ville est célèbre dans le monde entier pour ses collèges universitaires qui présentent un grand intérêt architectural. Beaucoup sont ouverts au public. Parmi les plus remarquables, citons Peterhouse, le plus ancien (1281), Emmanuel et Pembroke avec leurs chapelles, tous deux dessinés par Wren, et la magnifique chapelle de style gothique perpendiculaire anglais de King's College, où se trouve *L'Adoration des Mages* de Rubens. Ne manquez pas Trinity College, le plus grand collège de Cambridge, ni Queen's College, avec son pont sur la Cam.
Visitez aussi le Fitzwilliam Museum dans Trumpington Street (mar.-sam. : 10h-17h, dim. : 14h15-17h). Il contient un nombre impressionnant de toiles de maîtres, parmi lesquels Gainsborough, Turner, Rembrandt et Renoir.

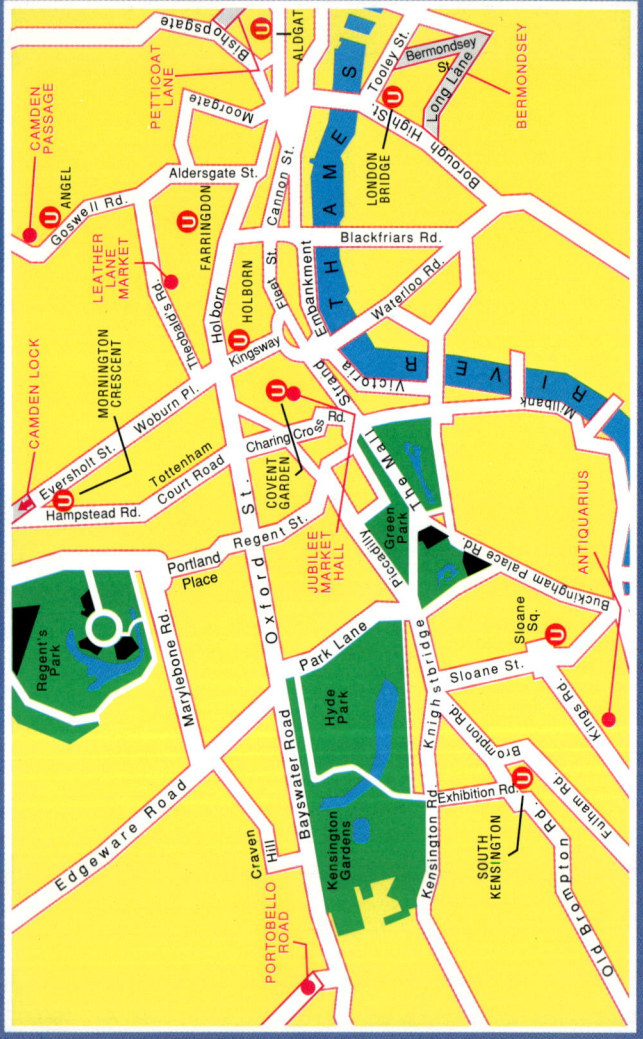

PORTOBELLO ROAD, Portobello Road, W11.
● Lun., mar., mer., ven. : 8h-16h, jeu. : 8h-13h, sam. : 8h-18h.
M⁰ : Notting Hill Gate, Ladbroke Grove.
Marché en semaine, marché aux puces (ven. et sam.), antiquités (le sam.).

CAMDEN PASSAGE, Camden Passage, N1.
● Mer. : 6h45-16h, jeu. : 7h-16h, sam. : 8h-17h. M⁰ : Angel.
Le mercredi et le samedi, plus de 350 antiquaires se retrouvent là. Le jeudi est réservé aux livres, gravures et dessins. Prix élevés.

CAMDEN LOCK, Camden High Street, NW1.
● Sam., dim. : 9h-18h. M⁰ : Camden Town.
Marché à la mode : outillage, brocante, artisanat et bijouterie. La plus grande partie du marché jouxte Regent's Canal.

PETTICOAT LANE, Petticoat Lane, E1.
● Dim. : 9h-14h. M⁰ : Liverpool Street, Aldgate East.
Marché dominical typique de l'East End de Londres. On y trouve de tout, du chien à l'ustensile de cuisine, et une foule intense !

BERMONDSEY, Long Lane et Bermondsey Street, SE1.
● Ven. : 5h-14h. M⁰ : London Bridge.
Marché couvert : verrerie, argenterie, cuivre, cartes et gravures.

JUBILEE MARKET HALL, Covent Garden, WC2.
● Mar.-dim. : 9h-17h, lun. : 6h-17h. M⁰ : Covent Garden.
lundi : antiquités. Mardi à vendredi : artisanat, vêtements et alimentation. Petit artisanat le week-end. Prix raisonnables.

LEATHER LANE MARKET, Leather Lane, EC1.
● Lun.-ven. : 10h-14h30. M⁰ : Chancery Lane.
Marché typique : appareils ménagers, vêtements, plantes, fruits et légumes.

ANTIQUARIUS, 135 King's Road, SW3.
● Lun.-sam. : 10h-18h. M⁰ : Sloane Square.
Marché couvert où se réunissent plus de 170 antiquaires : on y trouve des antiquités et des vêtements insolites.

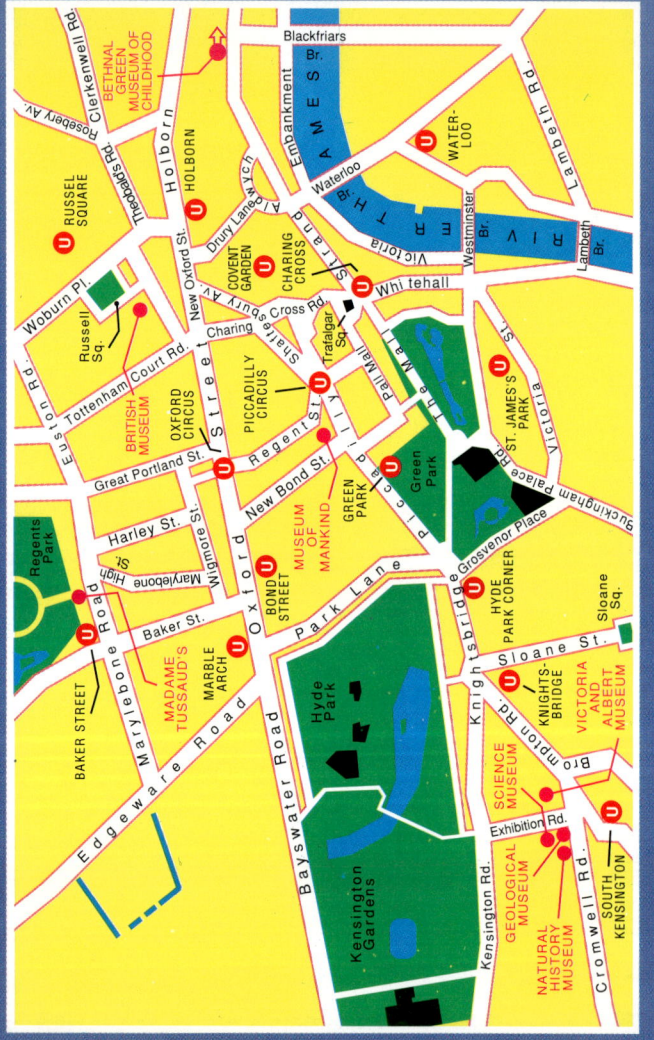

BRITISH MUSEUM*, Great Russell Street, WC1.
● Lun.-sam. : 10h-17h, dim. : 14h30-18h. M⁰ : Russell Square, Tottenham Court Road. ■ Entrée gratuite (sauf pour des expositions exceptionnelles).
Collections d'antiquités égyptiennes, romaines, grecques, orientales.

VICTORIA AND ALBERT MUSEUM*, Cromwell Road, SW7.
● Lun.-sam. : 10h-17h50, dim. : 14h30-17h50. M⁰ : South Kensington.
■ Entrée : £2 ; enfants : 50 p.
Probablement le plus grand musée au monde pour les arts décoratifs.

SCIENCE MUSEUM, Exhibition Road, SW7.
● Lun.-sam. : 10h-18h, dim. : 11h-18h. M⁰ : South Kensington.
■ Entrée : £2 ; enfants : £1.
Retrace les grandes découvertes de la science et ses applications.

NATURAL HISTORY MUSEUM et GEOLOGICAL MUSEUM, Cromwell Road, SW7.
● Lun.-sam. : 10h-18h, dim. : 13h-18h. M⁰ : South Kensington.
■ Entrée : £2,50 ; enfants : £1,25 (gratuit lun.-ven. : 16h30-18h, sam.-dim. : 17h-18h).
Une occasion exceptionnelle de découvrir les sciences naturelles.

MUSEUM OF MANKIND, Burlington Gardens, W1.
● Lun.-sam. : 10h-17h, dim. : 14h-18h. M⁰ : Piccadilly Circus. ■ Entrée gratuite.
Ethnographie et anthropologie ; des trésors du monde entier.

MADAME TUSSAUD'S/PLANETARIUM, Marylebone Road, NW1.
● Lun.-ven. : 10h-17h30, sam.-dim. : 9h30-17h30. M⁰ : Baker Street.
■ Billet groupé : £6,10 ; enfant : £3,80.
Scènes historiques et personnages célèbres dans ce musée de cire ; le planétarium propose une étonnante représentation de l'espace.

BETHNAL GREEN MUSEUM OF CHILDHOOD, Cambridge Heath Road, Bethnal Green, E2.
● Lun.-jeu. et sam. : 10h-17h50, dim. : 14h30-17h50. M⁰ : Bethnal Green. ■ Entrée libre.
Ce musée de l'enfance possède une importante collection de jouets.

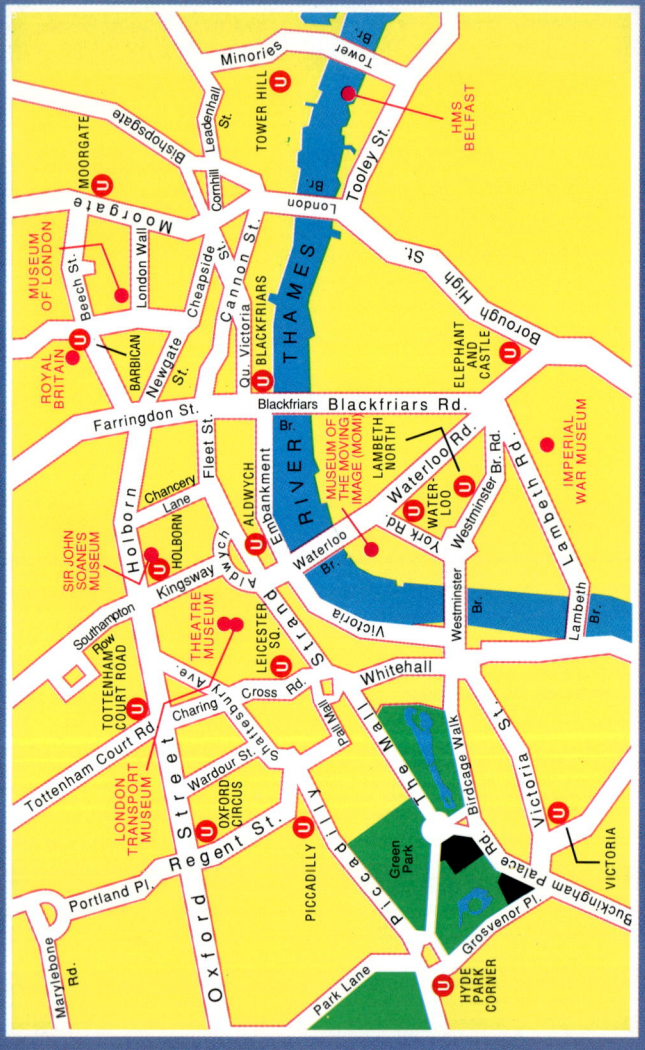

MUSEUM OF LONDON*, London Wall, EC2.
● Mar.-sam. : 10h-18h, dim. : 14h-18h. M° : St Paul's. ■ Entrée libre.
La vie quotidienne de la ville à travers les âges. Scènes de rues à différentes époques.

ROYAL BRITAIN, Barbican Centre, Aldersgate Street, EC2.
● 9h-17h30. M° : Barbican (fermé : dim.). ■ Entrée : £3,95 ; enfants : £2,50.
Survol vivant de mille ans d'histoire royale anglaise.

LONDON TRANSPORT MUSEUM, Covent Garden, WC2.
● 10h-18h. M° : Covent Garden. ■ Entrée : £2,40 ; enfants : £1,10.
Trains, trams et bus d'hier et d'aujourd'hui. Voir **CIRCUIT 2**.

THEATRE MUSEUM, Covent Garden, WC2.
● 11h-19h. M° : Covent Garden. ■ Entrée : £2,25 ; enfants : £1,25.
Musée national des arts du spectacle. Voir **CIRCUIT 2**.

MUSEUM OF THE MOVING IMAGE (MOMI), South Bank Arts Complex, Waterloo, SE1.
● Mar.-sam. : 10h-20h, dim. : 10h-18h. Gare/M° : Waterloo. ■ Entrée : £3,25 ; enfants : £2,50.
L'histoire étonnante de la télévision et du cinéma.

SIR JOHN SOANE'S MUSEUM, 13 Lincoln's Inn Fields, WC2.
● Mar.-sam. : 10h-17h. M° : Holborn.
La maison et la collection d'œuvres d'art excentriques de John Soane, architecte du XIXᵉ siècle.

IMPERIAL WAR MUSEUM, Lambeth Road, SE1.
● Lun.-sam. : 10h-17h50, dim. : 14h-17h50. M° : Lambeth North, Elephant & Castle. ■ Entrée : £2,50 ; enfants : £1,25.
Musée abordant tous les aspects de la guerre au XXᵉ siècle, abrité dans l'ancien hôpital d'aliénés de Bedlam.

HMS BELFAST, Morgans Lane, Tooley Street, SE1.
● 9h-17h. M° : London Bridge (accès par la Hays Galleria ou par vedette depuis la jetée d'embarquement de la Tour de Londres).
■ Entrée : £3,60 ; enfants : £1,90.
L'un des plus grands croiseurs de la Royal Navy, aujourd'hui musée flottant. Voir **CIRCUIT 3**.

NATIONAL GALLERY, Trafalgar Square, WC2.
● Lun.-sam. : 10h-18h, dim. : 14h-18h (de juin à août, ouvert jusqu'à 20h le mercredi). Gare/M° : Charing Cross. ■ Entrée libre.
Belle collection de toiles de maîtres européens (du XIVe au XIXe siècle).

TATE GALLERY, Millbank, SW1.
● Lun.-sam. : 10h-17h50, dim. : 14h-17h50. M° : Pimlico. ■ Entrée libre.
Œuvres britanniques depuis le XVIe siècle. La Clore Gallery est consacrée à Turner.

ROYAL ACADEMY OF ARTS, Burlington House, Piccadilly, W1.
● Lun.-sam. : 10h-18h. M° : Piccadilly Circus. ■ Prix d'entrée variable.
Organise chaque été une exposition d'artistes contemporains.

WALLACE COLLECTION, Hertford House, Manchester Sq., W1.
● Lun.-sam. : 10h-17h, dim. : 14h-17h. M° : Bond Street. ■ Entrée libre.
Impressionnante collection d'œuvres françaises des XVIIe et XVIIIe siècles.

COURTAULD INSTITUTE GALLERIES, Woburn Square, WC1.
● Lun.-sam. : 10h-13h, 14h-17h, dim. : 14h-17h. M° : Goodge Street.
■ Entrée : £1,50 ; enfants, retraités : 50 p.
Maîtres anciens ; impressionnistes et post-impressionnistes français.

NATIONAL PORTRAIT GALLERY, St Martin's Place, WC2.
● Lun.-sam. : 10h-17h, dim. : 14h-18h. Gare/M° : Charing Cross.
■ Entrée libre.
Collection de portraits de personnages célèbres. Comporte depuis peu des photographies.

QUEEN'S GALLERY, Buckingham Palace Road, SW1.
● Lun.-sam. : 11h-17h, dim. : 14h-17h. Gare/M° : Victoria. ■ Entrée : £1,20 ; enfants : 60 p.
Peintures et objets d'art de valeur provenant des collections royales.

HAYWARD GALLERY, South Bank Centre, SE1.
● Lun.-mer. : 10h-20h, jeu.-sam. : 18h-20h, dim. : 12h-18h. Gare/M° : Waterloo. ■ Prix d'entrée variable.
Expositions temporaires d'artistes anglais, américains et européens.

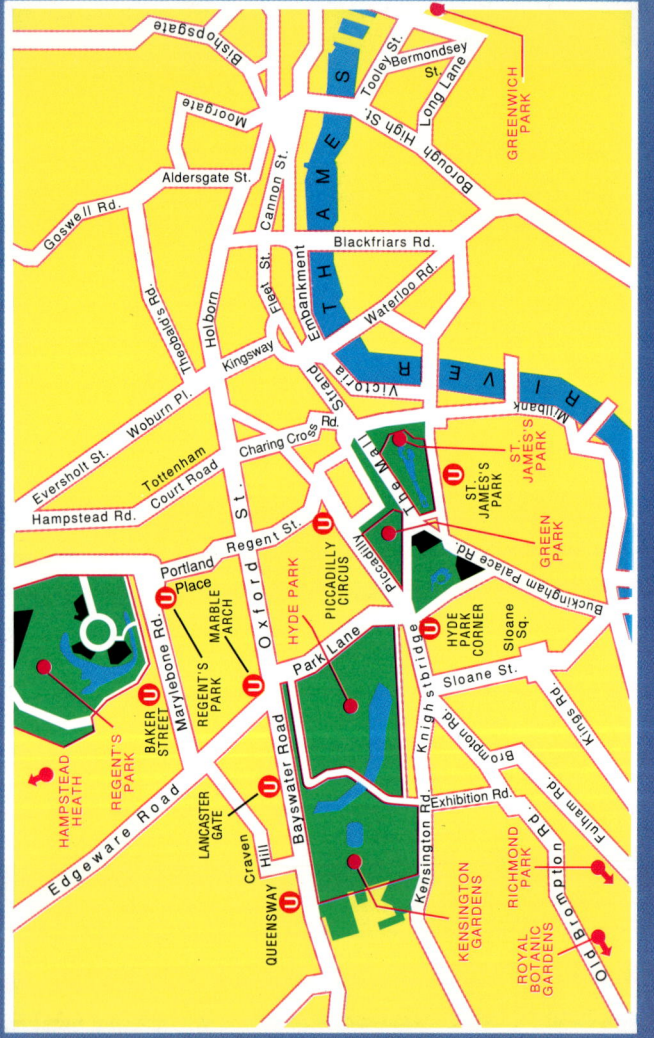

HYDE PARK*, Hyde Park, W2.
M° : Hyde Park Corner, Marble Arch, Queensway, Lancaster Gate.
Haut-lieu de la liberté d'expression ; orateurs et musiciens y improvisent discours et concerts.

KENSINGTON GARDENS, Kensington Gardens, SW2.
M° : Lancaster Gate, Queensway.
Ces jardins entourent la résidence londonienne du prince de Galles.

GREEN PARK, Green Park, W1.
M° : Green Park.
Le plus petit des parcs royaux à proximité de Buckingham Palace (voir aussi **CURIOSITÉS TOURISTIQUES**).

ST JAMES'S PARK, St James's Park, SW2.
M° : St James's Park.
Vous pourrez donner à manger aux canards, assister à des concerts...

REGENT'S PARK*, Regent's Park, NW1.
M° : Regent's Park, Camden Town. Bus 74.
Promenez-vous dans les Queen Mary's Gardens ou assistez à une pièce au théâtre de plein air.

GREENWICH PARK, Greenwich, SE10.
Gare : Greenwich, Maze Hill. Bateaux : Westminster ou Charing Cross.
Les hauteurs qui dominent le parc permettent d'avoir un superbe panorama sur la ville (voir **CIRCUIT 4**).

RICHMOND PARK*, Richmond, Surrey.
Gare/M° : Richmond, puis bus 65 ou 71.
Des cerfs et des daims se promènent dans les bois en toute liberté.

HAMPSTEAD HEATH*, Hampstead Heath, NW3.
M° : Hampstead. Gare : Gospel Oak, Hampstead Heath.
Lande sauvage et venteuse. Magnifiques points de vue sur Londres.

ROYAL BOTANIC GARDENS, Kew, Richmond, Surrey.
● 10h-20h en été ; 10h-16h en hiver. Gare/M° : Kew Gardens.
■ Entrée : £1 ; enfants : 50 p.
L'une des plus importantes collections de plantes en Europe (voir **EXCURSION 1**).

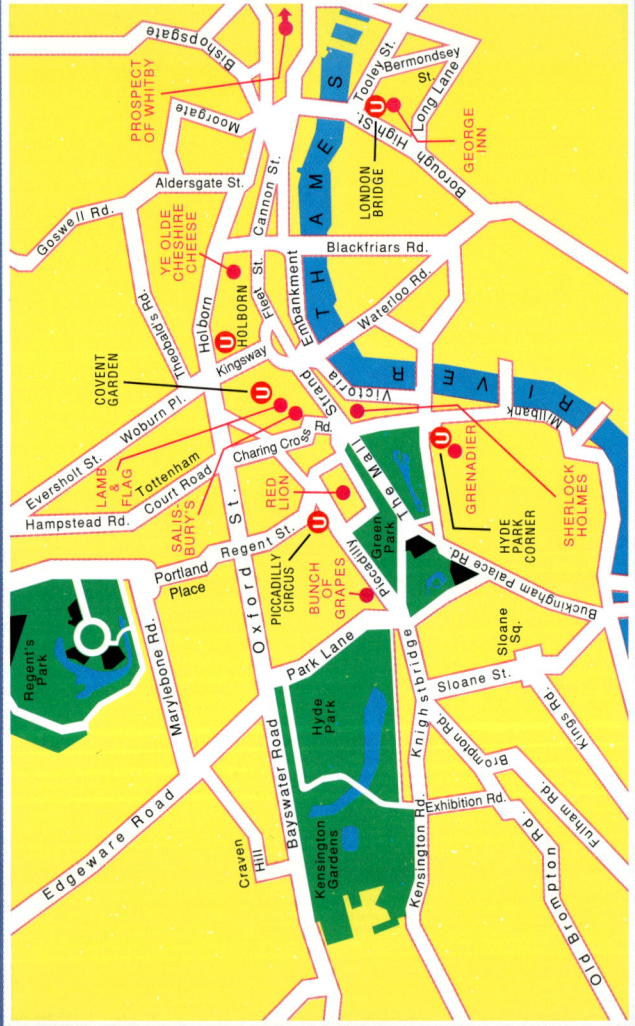

YE OLDE CHESHIRE CHEESE, Wine Office Court, EC4.
Mᵒ : Temple.
Ce pub, juste au nord de Fleet Street, était l'auberge préférée de Samuel Johnson*.

PROSPECT OF WHITBY, 57 Wapping Wall, E1.
Mᵒ : Wapping.
Fameux pub de l'East End, situé au bord du fleuve. Depuis 1520, date de sa construction, il a vu passer de nombreux corsaires et contrebandiers.

SHERLOCK HOLMES, 10 Northumberland Street, WC2.
Mᵒ : Charing Cross.
A l'intérieur, un amusant petit « musée » consacré au grand détective.

LAMB AND FLAG, Rose Street, WC2.
Mᵒ : Covent Garden.
Le plus vieux pub de Covent Garden (voir **CIRCUIT 2**) *; très fréquenté.*

RED LION, 2 Duke of York Street, SW1.
Mᵒ : Piccadilly Circus.
Superbe débit de boissons de style victorien, lambrissé d'acajou et orné de miroirs.

GRENADIER, 18 Wilton Row, SW1.
Mᵒ : Hyde Park Corner.
Charmant pub situé dans une ruelle pittoresque. La nourriture y est excellente.

SALISBURY, Cecil Court, St Martin's Lane, W1
Mᵒ : Charing Cross.
Beau décor Art nouveau. Ambiance cosmopolite.

GEORGE INN, 77 Borough High Street, SE1.
Mᵒ : London Bridge.
Le dernier relais de poste de Londres. Shakespeare y a donné des représentations.

BUNCH OF GRAPES, 16 Shepherd Market, W1.
Mᵒ : Green Park.
Pub victorien traditionnel au cœur de Mayfair.

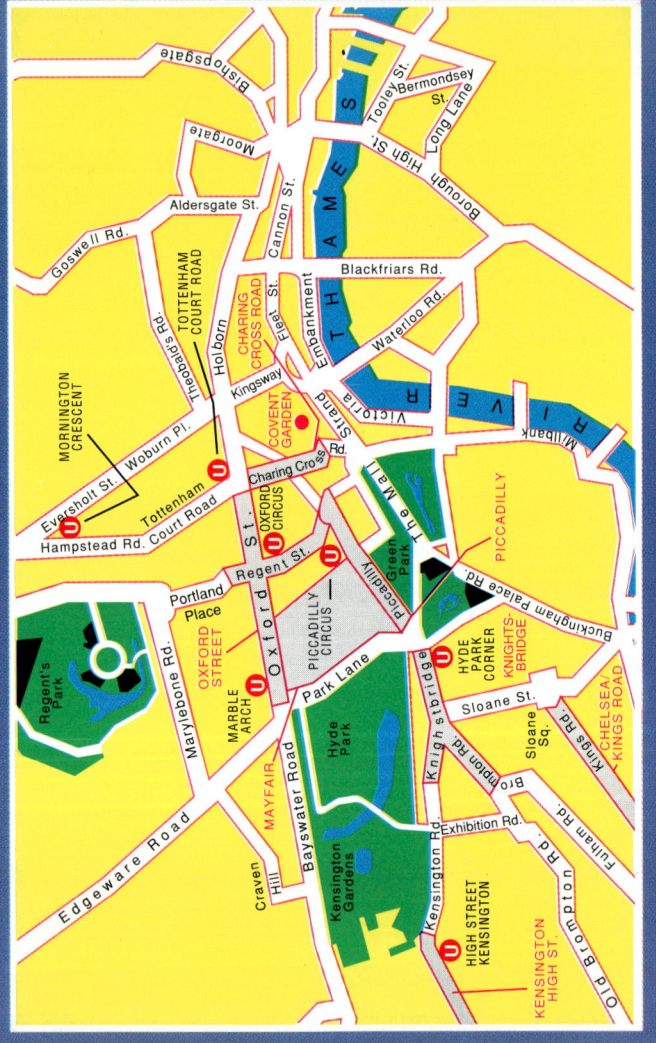

OXFORD STREET, Mᵒ : Oxford Circus, Bond Street, Marble Arch.
*C'est la rue du célèbre Selfridges (grand magasin) et de plusieurs autres grands magasins. La foule est à la hauteur de sa réputation...*Voir **SHOPPING**.

COVENT GARDEN, Mᵒ : Covent Garden.
Rappelle l'animation commerçante des anciens marchés aux fleurs et aux légumes. Y prédominent les commerces spécialisés et les boutiques de qualité. Voir **CIRCUIT 2**.

KNIGHTSBRIDGE, Mᵒ : Knightsbridge.
Knightsbridge évoque immédiatement Harrods, qui donne le ton à tous les magasins du quartier. Ne manquez pas les boutiques originales de Beauchamp Place.

KENSINGTON HIGH STREET, Mᵒ : High Street Kensington.
Cette rue compte aussi des grands magasins et des boutiques à la mode.

CHELSEA*/KINGS ROAD, Mᵒ : Sloane Square.
On y vient pour les dernières modes, mais aussi pour flâner en famille dans King's Road le samedi après-midi.

PICCADILLY, Mᵒ : Piccadilly, Green Park.
Grâce à ses beaux magasins de Jermyn Street et de St James's Street, Piccadilly est synonyme d'élégance masculine.

CHARING CROSS ROAD, Mᵒ : Tottenham Court Road, Leicester Square.
Librairies en abondance ; la librairie Foyle's est la plus grande du monde. Par ailleurs, beaucoup d'excellents magasins de musique.

REGENT STREET, Mᵒ : Piccadilly Circus, Oxford Circus.
Liberty's (ses fameux tissus) et Garrard's (les joailliers de la famille royale) sont typiques de l'ambiance chic de cette rue.

MAYFAIR, Mᵒ : Bond Street.
Bond Street, Savile Row et Burlington Arcade ; domaine du luxe, de la qualité et des prix élevés, spécialement pour les articles masculins.

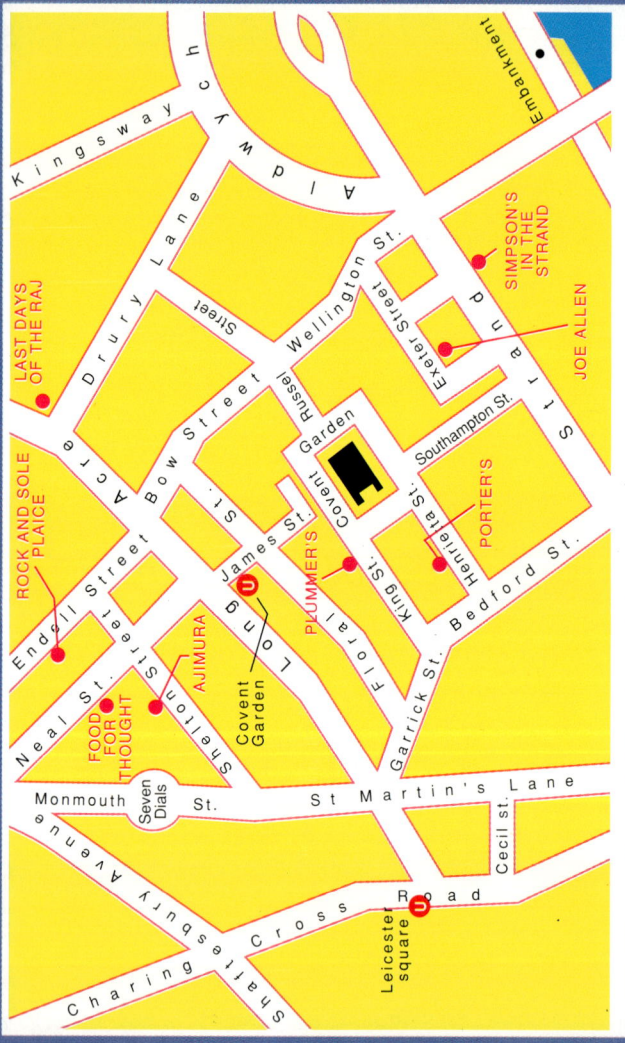

PORTER'S, 17 Henrietta Street, WC2.
● Fermé le dimanche. M⁰ : Covent Garden. ■ Prix peu élevés.
Cuisine anglaise traditionnelle. Service de « quick lunches » (déjeuners rapides).

PLUMMER'S, 33 King Street, WC2.
M⁰ : Covent Garden. ■ Prix raisonnables.
Restaurant typiquement londonien avec une délicieuse cuisine anglaise. Ambiance agréable.

SIMPSON'S IN THE STRAND, 100 Strand, WC2.
● Fermé le dimanche. M⁰ : Covent Garden. ■ Prix moyens.
Toute la saveur de la vieille Angleterre : rosbif, canard Aylesbury et apple pie.

LAST DAYS OF THE RAJ, 22 Drury Lane, WC2.
● Lun.-sam. : 12h-14h30 et 17h30-23h30, dim. : 18h-23h. M⁰ : Covent Garden, Aldwych. ■ Prix moyens.
Une cuisine indienne authentique servie dans un cadre accueillant.

JOE ALLEN, 13 Exeter Street, WC2.
● Lun.-sam. : 12h-0h45, dim. : 12h-23h45. M⁰ : Covent Garden.
■ Prix moyens.
D'excellents hamburgers, des travers de porc avec sauce barbecue, d'énormes plats de crudités et de succulents gâteaux au chocolat et aux noix.

AJIMURA, 51-53 Shelton Street, WC2.
● Lun.-ven. : 12h-15h et 18h-23h, sam. : 18h-23h, dim. : 18h-22h30. M⁰ : Covent Garden. ■ Prix moyens.
Cuisine japonaise. Des spécialités pour initiés et des menus fixes offrant un bon rapport qualité/prix.

FOOD FOR THOUGHT, 31 Neal Street, WC2.
● Lun.-ven. : 12h-20h. M⁰ : Covent Garden. ■ Bon marché.
Sympathique restaurant végétarien. Salades et soupes délicieuses, pâtes.

ROCK AND SOLE PLAICE, 47 Endell Street, WC2.
● Lun.-sam. : 11h30-22h. M⁰ : Covent Garden. ■ Bon marché.
C'est l'endroit rêvé pour retrouver les bons Fish and Chips d'autrefois ; on trouve aussi des plats de poisson plus recherchés.

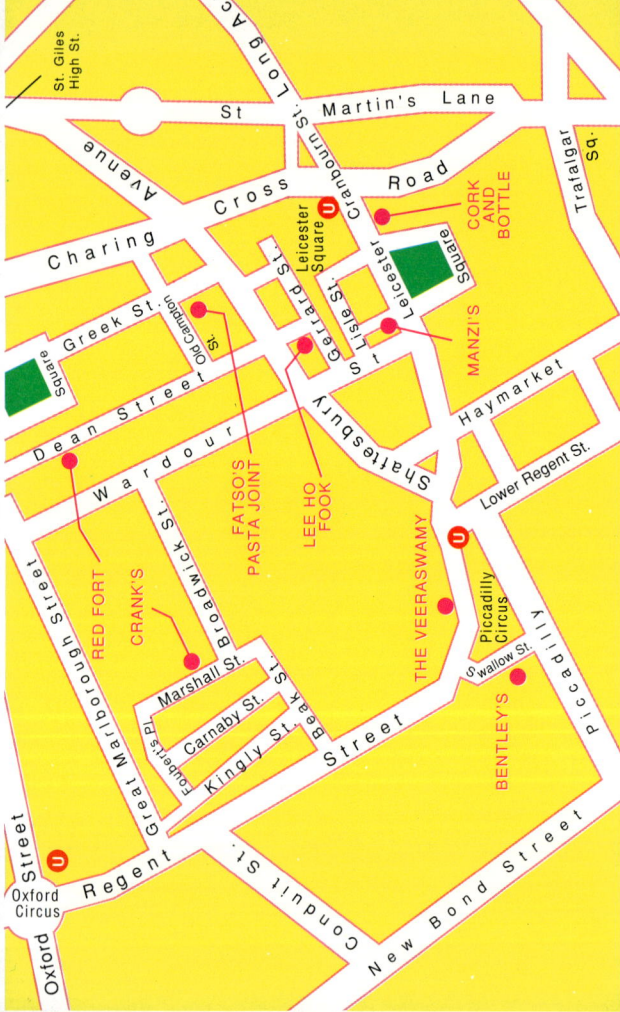

THE VEERASWAMY, 99 Regent Street, W1.
M° : Picadilly Circus. ■ Prix modérés.
Cuisine indienne originale (plats régionaux). Vue sur Regent Steet.

CORK AND BOTTLE, 44-46 Cranbourn Street, WC2.
● Lun.-sam. : 11h-15h et 17h30-23h, dim. : 12h-14h et 19h-22h30.
M° : Leicester Square. ■ Bon marché.
Ce bar à vins, dont la carte est impressionnante, propose aussi de délicieux repas froids.

FATSO'S PASTA JOINT, 13 Old Compton Street, W1.
● Lun.-jeu. : 12h-24h, ven.-sam. : 12h-1h, dim. : 12h-23h.
M° : Tottenham Court Road, Leicester Square. ■ Bon marché.
Un choix étonnant de pâtes et de sauces délicieuses.

BENTLEY'S, 11 Swallow Street, W1.
● Lun.-sam. : 12h-15h et 18h-23h. M° : Piccadilly Circus. ■ Cher.
L'un des meilleurs restaurants de fruits de mer de Londres. Récemment restauré : superbe décor, typiquement anglais.

MANZI'S, 1 Leicester Street, WC2.
● Lun.-sam. : 12h-14h30 et 17h30-23h15, dim. : 18h-22h.
M° : Leicester Square. ■ Prix moyens.
Cuisine italienne offrant, notamment, de merveilleux plateaux de fruits de mer. Excellent rapport qualité-prix.

RED FORT, 77 Dean Street, W1.
● Lun.-sam. : jusqu'à 23h15, dim. : jusqu'à 22h45. M° : Leicester Square. ■ Prix moyens.
Cuisine indienne moderne, surtout typique du Nord de l'Inde.

LEE HO FOOK, 15-16 Gerrard Street, W1.
● Lun.-sam. : 12h-23h30, dim. : 12h-22h30. M° : Leicester Square. ■ Prix moyens.
Au cœur du Chinatown londonien. Excellente cuisine à la vapeur.

CRANKS, 8 Marshall Street, W1.
● Lun.-ven. : 8h-22h30, sam. : 9h-22h30. M° : Oxford Circus. ■ Bon marché.
Le restaurant végétarien le plus réputé de Londres. Une carte très variée.

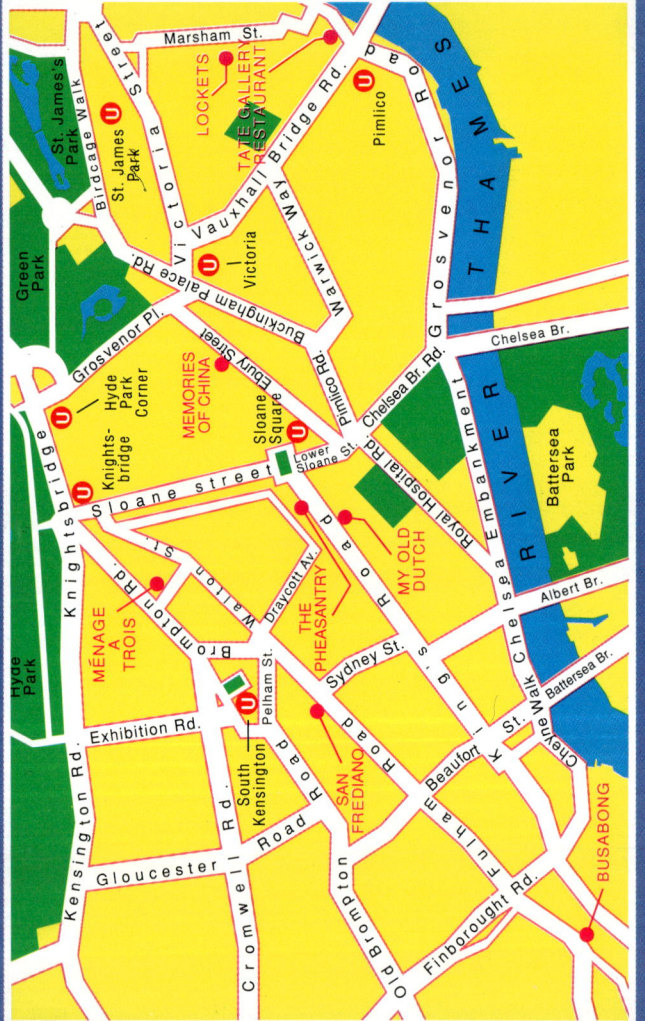

TATE GALLERY RESTAURANT, Millebank, SW1.
- Fermé le soir et le dimanche. M⁰ : Pimlico. ■ Prix élevés.
Plus qu'un simple restaurant de musée. Bonne cuisine anglaise et excellente carte des vins.

MEMORIES OF CHINA, 67-69 Ebury Street, SW1.
- Fermé le dimanche. M⁰ : Victoria. ■ Prix modérés.
Cuisine régionale de Chine. Des plats légers et raffinés. A deux pas, une boutique d'épices chinoises.

LOCKETS, Marsham Court, Marsham Street, SW1.
- Lun.-ven. : 12h15-14h30 et 18h30-23h, sam. : 18h30-23h.
M⁰ : Westminster, Pimlico. ■ Prix moyens.
Grande cuisine anglaise traditionnelle, appréciée des parlementaires du voisinage.

MY OLD DUTCH, 267 Kings Road, SW3.
- T.l.j. jusqu'à 23h30. M⁰ : Sloane Square. ■ Bon marché.
Crêpes sucrées et salées. Agréable décor bleu faïence.

MÉNAGE A TROIS, 15 Beauchamp Place, SW3.
- Lun.-ven. : 11h30-14h45 et 19h-0h15, sam. : 19h-0h15, dim. : 19h-23h. M⁰ : Knightsbridge. ■ Prix moyens.
Repas diététique idéal après un tour chez Harrods (voir **SHOPPING**).

THE PHEASANTRY, 152 Kings Road, SW3.
- 18h30-2h. M⁰ : Sloane Square. ■ Assez bon marché.
Immeuble renove comprenant deux restaurants italiens, un bar à cocktails et une discothèque.

SAN FREDIANO, 62 Fulham Road, SW3.
- Lun.-sam. : 12h30-14h30 et 19h15-23h15. M⁰ : South Kensington.
■ Prix moyens.
Cuisine toscane raffinée. Excellente carte des vins.

BUSABONG, 331 Fulham Road, SW3.
- Lun. : 18h-23h15, mar.-sam. : 12h30-23h15, dim. : 12h30-22h30.
M⁰ : South Kensington. ■ Assez bon marché.
Cuisine thaïlandaise servie dans des décors variés sur trois étages.

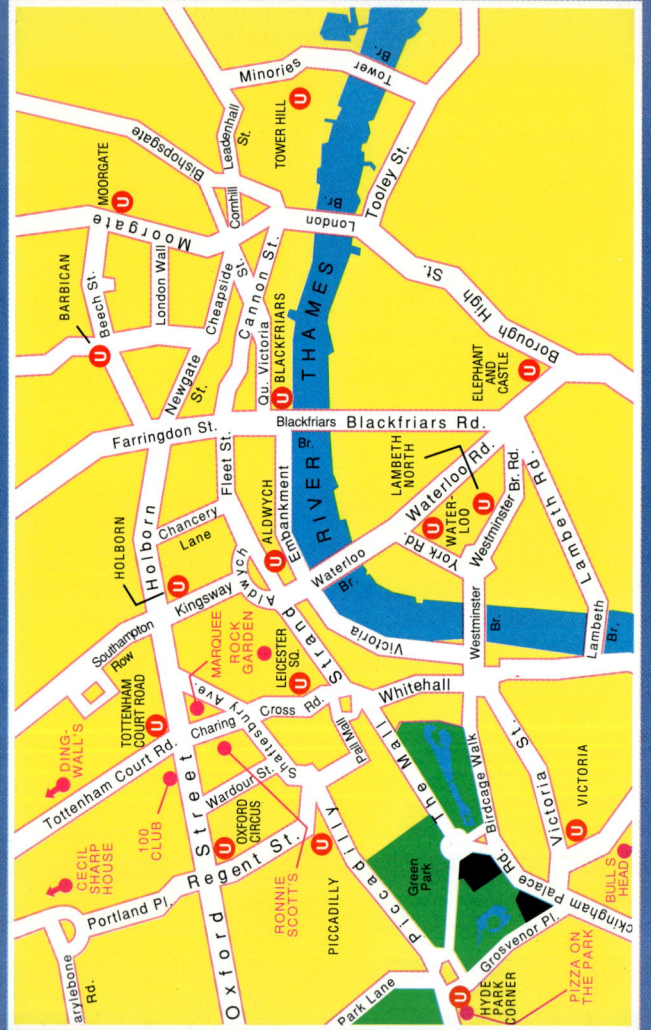

100 CLUB, 100 Oxford Street, W1.
● Lun.-jeu. : 19h30-24h, ven.-sam. : 19h30-1h, dim. : 19h30-23h30.
M⁰ : Tottenham Court Road. ■ Entrée : £2,50 - £6 selon les artistes.
Accueille les plus grands noms du jazz et du rock (moderne, traditionnel.

RONNIE SCOTT'S, 47 Frith Street, W1.
● 20h30-3h. M⁰ : Leicester Square. ■ Entrée : £8 - £10 selon les jours.
Le haut-lieu du jazz. Il est conseillé de réserver.

PIZZA ON THE PARK, 11 Knightsbridge, SW1.
M⁰ : Hyde Park Corner. ■ Entrée : £3 à £6.
Cette pizzeria reçoit le soir (sauf le dimanche) d'excellents orchestres de jazz (en sous-sol).

BULL'S HEAD, Barnes, SW13.
Gare : Barnes Bridge (depuis Waterloo Station).
Ce pub, situé dans la banlieue de Londres en bordure de la Tamise, fait la joie des connaisseurs. Excellents orchestres de jazz tous les soirs.

CECIL SHARP HOUSE, 2 Regent's Park Road, NW1.
M⁰ : Camden Town.
Club spécialisé dans le folk.

ROCK GARDEN, 6-7 The Piazza, Covent Garden, WC2.
M⁰ : Covent Garden.
Club de rock et de jazz en plein centre de Londres. Bar agréable. Petit restaurant où l'on sert des hamburgers et du chilli con carne.

MARQUEE, 105 Charing Cross Road, WC2.
● 19h-23h : club de rock. M⁰ : Leicester Square.
Certains des plus grands orchestres au monde ont commencé leur carrière ici.

DINGWALLS, Camden Lock, Chalk Farm, NW1.
M⁰ : Camden Town. ■ Entrée : £3,50 environ.
Rock et jazz contemporains. Musique « live » tous les soirs. Vidéo-clips.

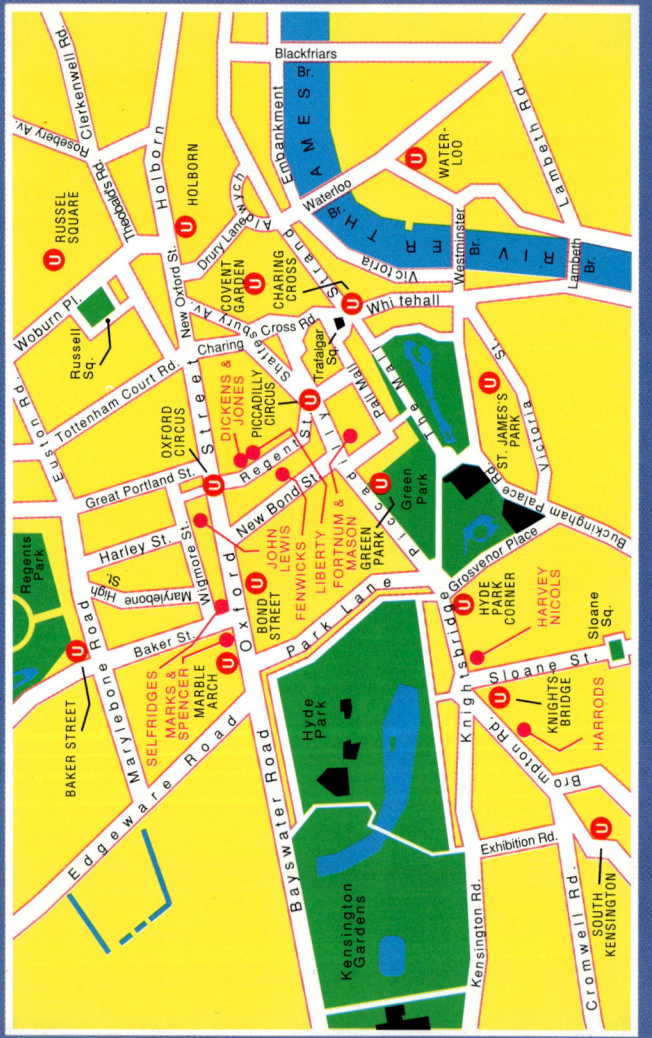

HARRODS, Brompton Road, SW1.
● Lun., mar., jeu.-sam. : 9h-18h, mer. : 9h30-19h. M° : Knightsbridge.
Un grand magasin aux rayons particulièrement variés ; surtout celui de l'alimentation (plus de 500 fromages).

HARVEY NICHOLS, Knightsbridge, W1.
● Lun.-ven. : 10h-19h, sam. : 10h-18h. M° : Knightsbridge.
Magasin de luxe renommé pour ses rayons d'art ménager et de mode.

LIBERTY, Regent Street, W1.
● Lun.-sam. : 9h30-18h, jeu. : 9h30-19h30. M° : Oxford Circus.
Magasin spécialisé dans la décoration de la maison, les tissus, la joaillerie, la porcelaine et les tapis orientaux.

MARKS & SPENCER, 173 et 458 Oxford Street, W1.
● Lun., mer., ; 9h30-18h, jeu. : 9h30-20h, ven. : 9h30-19h, sam. : 9h-18h. M° : Oxford Circus.
Vêtements classiques, alimentation. Prix très raisonnables.

SELFRIDGES, Oxford Street, W1.
● Lun.-sam. : 9h30-18h, jeu. : 9h30-20h. M° : Marble Arch.
Le second plus grand magasin de Londres. Bon rayon d'alimentation.

FORTNUM & MASON, 181 Piccadilly, W1.
● Lun.-sam. : 9h-17h30. M° : Piccadilly Circus.
Le Fauchon britannique. Les vendeurs servent en habits !

JOHN LEWIS, Oxford Circus, W1.
● Lun.-mer., ven. et sam. : 9h-17h30, jeu. : 9h30-20h. M° : Bond Street.
Tissus pour l'habillement. Grand choix de linge de maison.

DICKENS & JONES, 244 Regent Street, W1.
● Lun.-mer., ven. et sam. : 9h30-18h, jeu. : 9h30-20h. M° : Oxford Circus.
Produits de beauté, articles de mode. Bon rayon haute couture.

FENWICKS, 63 New Bond Street, W1.
● Lun.-mer., ven. et sam. : 9h30-18h, jeu. : 9h30-19h30. M° : Bond Street.
Articles de qualité, de l'habillement aux ustensiles de cuisine.

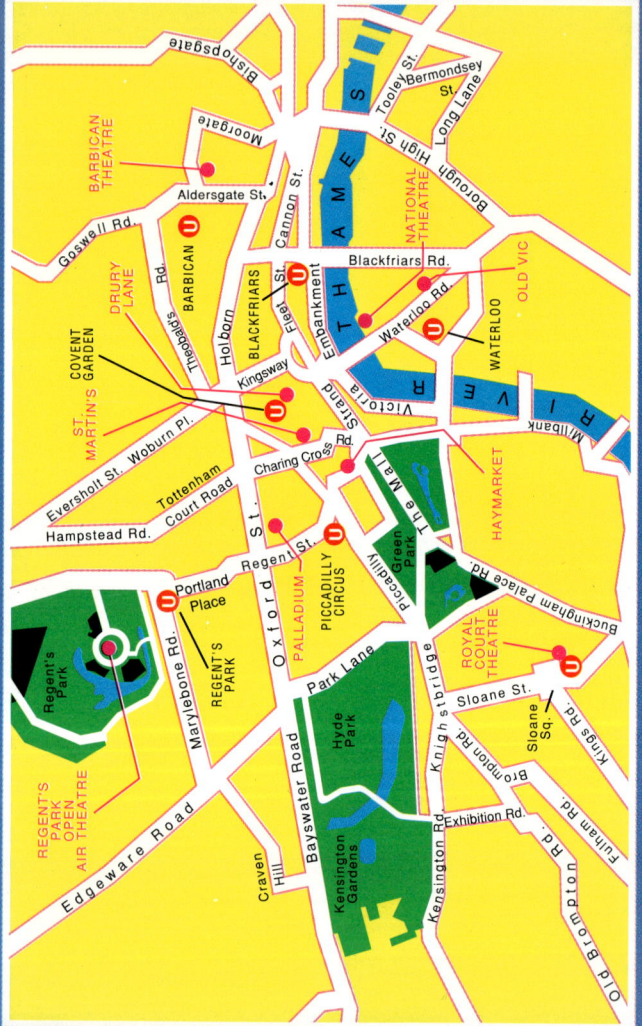

NATIONAL THEATRE, South Bank Arts Complex, SE1.
Mᵒ : Waterloo.
Quantité d'excellentes pièces, britanniques ou non, sont mises en scène dans les salles Lyttelton, Olivier et Cottesloe.

ROYAL COURT THEATRE, Sloane Square, SW1.
Mᵒ : Sloane Square.
Le plus ancien des théâtres d'avant-garde. Des œuvres de Shaw et d'Osborne y ont été créées.

BARBICAN* THEATRE, Barbican Theatre, EC2.
Mᵒ : Barbican (Moorgate le dimanche).
C'est le siège de la Royal Shakespeare Company à Londres.

HAYMARKET, Theatre Royal, Haymarket, SW1.
Mᵒ : Piccadilly Circus.
Cet élégant théâtre monte des pièces classiques et modernes.

PALLADIUM, Argyll Street, W1.
Mᵒ : Oxford Circus.
Théâtre qui doit sa célébrité à ses spectacles de music-hall, ses comédies musicales et ses spectacles de Noël (pantomimes).

DRURY LANE, Theatre Royal, Catherine Street, WC2.
Mᵒ : Covent Garden.
Le plus vieux théâtre de Londres, spécialisé dans les comédies musicales.

OLD VIC, Waterloo Road, SE1.
Mᵒ : Waterloo.
Charmant théâtre du début du XIXᵉ siècle. Donne des classiques britanniques et européens.

ST MARTIN'S, West Street, Cambridge Circus.
Mᵒ : Leicester Square.
Pour les amateurs d'Agatha Christie. On y joue La Souricière (The Mousetrap) *depuis 1952.*

REGENT'S PARK OPEN AIR THEATRE, Queen Mary's Gardens, Regent's Park, NW1.
Mᵒ : Regent's Park.
Ne manquez pas la saison d'été du théâtre shakespearien. Voir **Parcs et jardins.**

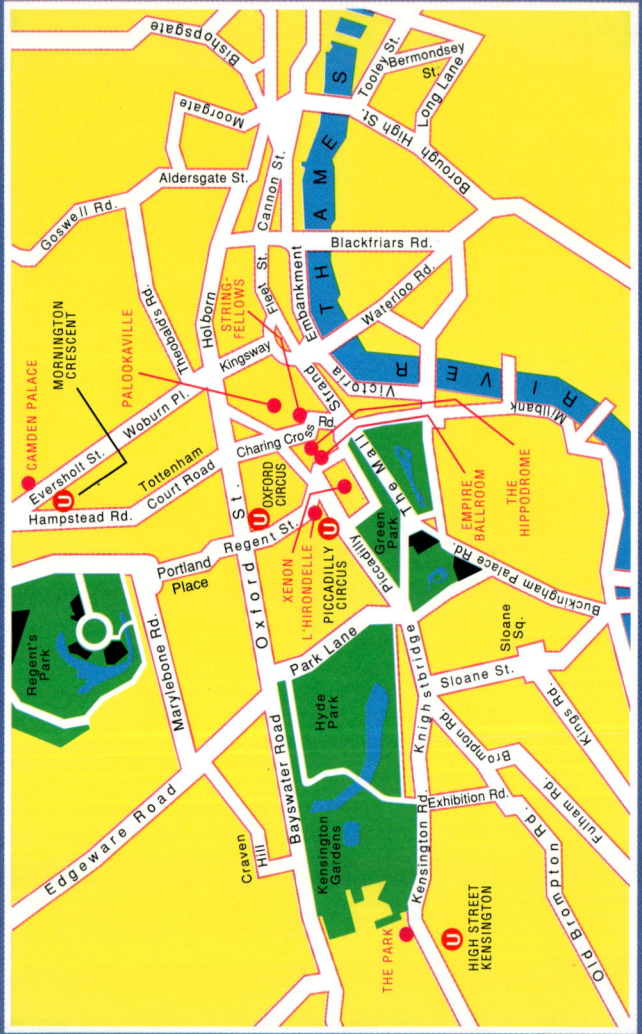

STRINGFELLOWS, 16-19 St Martin's Lane, WC2.
● 20h-3h30. M° : Leicester Square. ■ Entrée : £6-£12.
Endroit à la mode, fréquenté par des gens riches et célèbres. N'entre pas qui veut.

THE PARK, 38 Kensington High Street, W8.
● Lun.-sam. : 10h-3h. Réceptions privées les jeudis et vendredis.
M° : High Street Kensington. ■ Entrée : £3-£7.
Disco à la mode fréquentée par une clientèle branchée. Restaurant.

THE HIPPODROME, Charing Cross Road et Cranbourne Street, WC2.
● Lun.-sam. : 21h-3h30. M° : Leicester Square. ■ Entrée : £6-£10.
Lieu en vogue. Sono impressionnante, lasers, vidéos.

CAMDEN PALACE, Camden High Street, NW1.
● Mar.-sam. : 21h-3h. M° : Mornington Cresc., Camden. ■ Entrée : £4-£5.
Sono et éclairages sophistiqués. Bar et restaurant.

EMPIRE BALLROOM, Leicester Square, WC2.
● Lun.-sam. : 22h-2h, dim. : 22h-1h. M° : Leicester Square. ■ Entrée : £3,50-£5.
Ambiance décontractée. Une bonne sono et de bons éclairages.

XENON, 196 Piccadilly, W1.
● Lun.-sam. : 21h-3h. M° : Piccadilly Circus. ■ Entrée : £5-£8.
Attire une foule cosmopolite. Musique disco, cabaret, danseuses.

L'HIRONDELLE, Swallow Street, W1.
● 20h30-3h30. M° : Piccadilly Circus. ■ Entrée : £7,50 pour les personnes qui ne dînent pas.
Restaurant avec menu international, danses, magnifique spectacle de cabaret.

PALOOKAVILLE, 13a St James Street, WC1.
● Lun.-ven. : 21h-0h15 (bar à vins ouvert jusqu'à 1h15). M° : Covent Garden. ■ Entrée libre.
Restaurant en sous-sol. Bar à vins décoré dans le style club new-yorkais. Musiciens de jazz jouant pour un public jeune.

Aiguille de Cléopâtre. Erigé sur le Thames Embankment près de Victoria, cet obélisque en granit rose mesure 21 m de haut et pèse 180 tonnes. Il n'a aucun rapport direct avec Cléopâtre (il lui est antérieur de plusieurs siècles), mais provient d'Héliopolis en Égypte. Vers 1500 av. J.-C., Touthmôsis III érigea deux obélisques en hommage au dieu-Soleil. Celui-ci fut offert au Royaume-Uni en 1819 par l'Égypte, et érigé à cet endroit en 1878.

Albert, prince consort (1819-1961). Prince allemand qui épousa la reine Victoria* en 1840. Après la mort de son époux adoré, la reine fit édifier l'Albert Memorial, à Kensington Gore, mais on se souvient peut-être mieux du prince grâce au Natural History Museum, au Science Museum et au Victoria and Albert Museum* (voir aussi MUSÉES 1), tous fondés grâce aux recettes de l'Exposition universelle de 1851, organisée à son initiative.

Apsley House. Œuvre de Robert Adam, cette maison est située à Hyde Park Corner. Elle est connue sous le nom de « Nº 1 London », parce qu'elle était la première demeure que rencontrait un voyageur venu de l'ouest. Elle abrite aujourd'hui le musée Wellington (mar.-jeu., sam. : 10h-18h, dim. : 14h30-18h. Entrée : £2 ; enfants : £1) qui contient des peintures, de l'argenterie, des porcelaines et des reliques en rapport avec le duc de Wellington*, qui y vécut en 1817 (voir CIRCUIT 1).

Baker Street. La rue est orientée nord-sud, entre Regents's Park et Portman Square. Sherlock Holmes, le détective privé créé par sir Arthur Conan Doyle (1859-1930), était censé habiter le n° 221b. Le site est aujourd'hui occupé par l'agence d'une importante société de construction, mais on trouvera des objets évoquant le grand détective dans un petit musée au-dessus du « Sherlock Holmes », un pub situé derrière Charing Cross (voir PUBS).

Barbican. Le Barbican Arts Centre est le plus grand complexe artistique d'Europe occidentale. Terminé en 1982, son plan assez déroutant comprend une salle de concert (siège du London Symphony Orchestra), deux théâtres (sièges de la Royal Shakespeare Company), un musée d'art moderne (l'un des plus grands de Londres, exposant

surtout des œuvres modernes et contemporaines), trois cinémas, une bibliothèque, des salles de conférences et deux restaurants. Des concerts gratuits et des expositions se tiennent tous les jours dans le hall (voir CONCERTS ET BALLETS).

Barrage de la Tamise. La reine a inauguré en 1984 cette « huitième merveille du monde », comme on a appelé cet ouvrage d'art destiné à protéger Londres contre l'éventualité d'une inondation venue de la mer. Au centre du barrage, une exposition et un film expliquent le fonctionnement de l'ouvrage. On peut atteindre le barrage en train depuis Charing Cross ou en bateau à partir de l'un des embarcadères du centre de Londres. On peut aussi l'ajouter à son itinéraire quand on visite Greenwich (voir CIRCUIT 4).

Big Ben. C'est le nom donné à la grande horloge, pesant plus de 13 tonnes, qui sonne depuis la tour située à l'extrémité nord du palais de Westminster* (Chambre des communes). Son carillon est connu dans le monde entier. Le nom de « Big Ben » a fini par désigner la tour de l'Horloge elle-même.

Blenheim (palais de). Le Parlement fit cadeau de ce magnifique palais des environs de Woodstock à John Churchill, duc de Marlborough, en témoignage de sa gratitude pour avoir battu les Français à la bataille de Blenheim (1704). C'est ici que naquit, en 1874, sir Winston Churchill*, descendant et biographe de Marlborough. Il fut enterré à Bladon, non loin de là, dans le cimetière de famille.

Brighton. Il y a beaucoup à voir et à faire à Brighton, mais il ne faut pas manquer le Pavillon - extravagant nid d'amour de l'excentrique Prince régent (George IV) et de Madame Fitzherbert - indien à l'extérieur, chinois au-dedans. Parmi les autres attractions, citons l'aquarium, le dolphinarium et les deux musées du jouet, l'un à Brighton, l'autre à Rottingdean. Trains à partir de Victoria.

British Museum and Library. Le British Museum est l'un des musées les plus riches et les plus vastes du monde. Le point de départ de son fonds est la collection d'objets d'intérêt géologique ou

zoologique léguée à l'État par sir Hans Sloane en 1753. Le somptueux édifice, avec son austère façade classique, fut dessiné par sir Robert Smirke et construit de 1823 à 1847. Il est impossible de visiter tout en une seule fois : antiquités grecques, objets d'Égypte et d'Orient, expositions sur la Grande-Bretagne préhistorique, romaine et médiévale, livres imprimés ou manuscrits, dessins, etc. Mentionnons tout particulièrement les marbres d'Elgin, la pierre de Rosette (qui a permis de déchiffrer les hiéroglyphes), deux originaux de la *Magna Carta*, des antiquités sumériennes (3500-1500 av. J.-C.) de la ville d'Ur, ainsi que des objets de la Grande-Bretagne romaine et saxonne, notamment les trésors de Sutton Hoo et de Mildenhall. Des visites guidées sont prévues en plusieurs langues. D'autre part, toutes les heures à l'heure juste, on peut avoir brièvement accès à la bibliothèque, et admirer son immense salle de lecture circulaire avec son dôme magnifique (voir MUSÉES 1).

Buckingham Palace. Construit en 1705, le palais devait originellement servir de résidence londonienne au duc de Buckingham. En 1824, George IV chargea John Nash de transformer l'édifice, mais le nouveau palais ne devint résidence officielle du souverain régnant qu'en 1837, lorsque la reine Victoria en fit sa demeure après son couronnement. La façade donne sur plus de seize hectares de jardins privés, l'arrière fait face au Mall et domine la cour où la cérémonie de la relève de la garde attire les foules en été (chaque matin à 11h30 et un jour sur deux en hiver). Les appartements officiels (qui comprennent la salle du trône, la salle de bal et la galerie de peintures) sont fermés au public, mais certaines œuvres appartenant aux collections royales sont exposées dans la Queen's Gallery, située dans l'aile sud du palais (voir MUSÉES 3). Dans les Écuries royales (plus loin dans Buckingham Palace Road) sont exposés les équipages de la reine, parmi lesquels le carrosse du couronnement utilisé pour certaines cérémonies officielles (voir CURIOSITÉS TOURISTIQUES 1).

Canterbury. La cathédrale de cette ville, à 10 km environ au sud-est de Londres (Kent), centre de l'Église anglicane, fut fondée en l'an 605. L'église actuelle, commencée en 1067, est un lieu de pèlerinage depuis l'époque où Henri II se débarrassa de son « prêtre turbulent », l'archevêque Thomas Becket, en le faisant assassiner dans la

cathédrale. Onpeut encore voir des vestiges de l'âge de pierre et des périodes romaine et saxonne de la ville, ainsi que presque tous les murs de la cité médiévale. Trains à partir de Charing Cross ou de Victoria.

Chelsea. Ce quartier résidentiel sur la rive nord de la Tamise a toujours été apprécié des écrivains et des artistes. Ainsi, Cheyne Walk est ponctué de plaques bleues qui rappellent les diverses célébrités qui y ont vécu. Les hôtels particuliers ont de splendides façades palladiennes, telles Lindsay House, au n° 95-100, ou le 24 Cheyne Row, la maison où l'écrivain Thomas Carlyle (1795-1881) vécut de 1834 jusqu'à sa mort (avr.-oct, mer.-dim. : 11h-17h. Entrée libre). Voisin de Cheyne Walk, le Royal Hospital, dessiné par Christopher Wren* et agrémenté de paisibles jardins, abrite en mai les Floralies de Chelsea. Vous pouvez visiter le musée, la chapelle et la grande salle avec ses murs lambrissés (lun.-sam. : 10h-12h et 14h-16h, dim. : 14h-16h). Chelsea, c'est aussi King's Road et ses élégants magasins. La « Michelin House », dans Fulham Palace Road, vient d'être rénovée : ne manquez pas ce triomphe de l'Art déco aménagé en centre de shopping.

Churchill (sir Winston), 1874-1965. Le plus grand homme d'État anglais du xxe siècle fut aussi soldat, écrivain, peintre amateur et maçon enthousiaste. Après quarante ans de services parlementaires, il fut chargé en 1940 de diriger le gouvernement de coalition. Son éloquence, ses qualités de chef, firent beaucoup pour maintenir le moral du peuple anglais pendant toute la guerre, et nombre de ses discours inspirés, de ses aphorismes subtils résonnent encore aujourd'hui. Il reprit du service comme Premier ministre au début des années cinquante. Sa propriété de campagne de Chartwell, près de Westerham (prendre le train à Charing Cross ou Victoria jusqu'à Oxted, puis le bus), est ouverte au public, de même que le château familial de Blenheim*.

City (The). Le « mile carré » du Londres originel, que les Romains baptisèrent *Londinium*. La City a conservé ses traditions, son caractère et son administration locale particulière. En dépit des fluctuations de la conjoncture économique, la City reste l'une des plus grandes places financières du monde. Des flots de banlieusards traversent chaque jour le London Bridge pour venir travailler dans les banques, à la Bourse, dans les sociétés d'assurance, ou les maisons de commerce. Chaque année, un nouveau Lord-Maire est élu par ses pairs, les échevins, et par les « shérifs » des guildes et corporations de marchands (dont les origines remontent au Moyen Âge). En novembre, le nouvel élu traverse en grand apparat la City depuis le Guildhall jusqu'à sa résidence de Mansion House : c'est le Lord Mayor's Show. Les visiteurs de ce quartier se plairont à déambuler dans son dédale de rues à la découverte des églises de Wren, des vieux pubs, des merveilleuses maisons des corporations : celles des orfèvres, des poissonniers ou des tisserands (non ouvertes au public). Des points de repère : la cathédrale St Paul, la Tour de Londres, Mansion House (résidence officielle du Lord-Maire), Guildhall (l'hôtel de ville), le Barbican Centre, le bâtiment de la Lloyd's, le Temple (« temple » des avocats), les Inns of Court (écoles de droit), le Old Bailey (le plus important tribunal pénal d'Angleterre) et le Stock Exchange (Bourse des valeurs). Voir CIRCUIT 3.

Courtauld Institute Galleries. Samuel Courtauld, fondateur du département d'histoire de l'art à l'université de Londres, légua en 1931 sa collection personnelle de maîtres anciens italiens et flamands. En 1981, on y ajouta la collection Princes Gate, qui contient des œuvres

de Bruegel l'Ancien et de Rubens. Toutes ces œuvres devraient trouver place dans Somerset House (voir MUSÉES 3).

Dickens (Charles), 1812-1870. L'auteur qui décrivit si minutieusement le XIXᵉ siècle vécut deux ans au 48 Doughty Street. La maison a été restaurée par l'association des amis de Dickens. On y voit notamment une surprenante cuisine reconstituée d'après la description qu'en fait Dingley Dell dans *Mr Pickwick*. Dickens mourut à Gad's Hill dans le Rochester, où se trouve un autre musée Dickens.

Docklands. Le secteur situé en aval de Tower Bridge fut autrefois l'un des plus importants ports du monde. Le départ du dernier navire en 1981 a laissé derrière lui du chômage, un dépeuplement du quartier et des centaines d'hectares dans un état d'abandon qui semblait sans espoir. En juillet 1981, la London Docklands Development Corporation (LDDC) fut chargée de faire revivre cette étendue de plus de quatre-vingts kilomètres de long qui avait si fortement marqué l'histoire de Londres. Cette zone se transforme aujourd'hui en un florissant quartier

à la fois commercial, résidentiel et culturel. Des églises et d'impressionnants entrepôts victoriens ont été restaurés ; des pubs très « East End » ont été conservés, et l'on constitue un musée qui illustrera l'importance des docks dans l'histoire de Londres. Une nouvelle ligne de chemin de fer, les DLR (Docklands Light Railway), dessert la zone. Elle part de Tower Gateway (près de la Tour de Londres) et se dirige vers l'est par Limehouse et Poplar. Le terminus en est Island Gardens, où un tunnel sous la Tamise permet de rejoindre Greenwich à pied. Les DLR ont publié une brochure indiquant plusieurs circuits de promenade assortis de plans détaillés. On la trouve gratuitement dans la plupart des offices de tourisme.

Dulwich Gallery. Dulwich est une agréable banlieue au sud de Londres (30 mn de train au départ de Victoria). La Picture Gallery, bâtie sur les plans de sir John Soane, fut le premier musée d'art ouvert au public à Londres (1814). La collection fut composée à partir du legs de l'acteur Edward Alleyn (1566-1626) qui acheta Dulwich Manor et fonda Dulwich College. Parmi les remarquables peintures hollandaises, citons le *Titus jeune* de Rembrandt. Il y a de très beaux portraits anglais des XVIIe et XVIIIe siècles, des Raphaël et des Véronèse, de la peinture française du XIXe siècle et quelques superbes dessins de Rubens. Le musée se trouve dans College Road, SE21, tél. : 693 5254. Mar.-sam. : 11h-17h, dim. : 14h-17h. Entrée : £1,50 ; gratuit pour les enfants. Visite guidée gratuite le samedi et le dimanche à 15h.

Groonwich. Situé à 10 km en aval de Londres, Greenwich est célèbre dans le monde entier par son méridien qui détermine l'heure de Greenwich. La ville est intéressante pour son parc, son Royal Naval College (École navale), son Old Royal Observatory (observatoire) et son musée national de la Marine. Il faut au moins une journée pour en explorer tous les charmes (voir **PARCS**, **CIRCUIT 4**).

Hampstead. L'un des « villages » les plus séduisants de Londres. De nombreux écrivains et artistes, parmi lesquels Keats, Constable et D. H. Lawrence, y élurent domicile. Hampstead est situé au nord de Londres, à 30 minutes en métro (sur la Northern Line). A Hampstead Grove, admirez le cadre somptueux de Fenton House (ouvert avr.-oct., sam.-mer. : 11h-18h. Le reste de l'année : 14h-17h), qui possède un

magnifique intérieur Regency. Kenwood House, dans Hampstead Lane, est intéressante aussi. Elle abrite une superbe collection de peintures réunie par E. C. Guinness, premier comte d'Iveagh. Des concerts ont lieu l'été dans les beaux jardins. La maison de Keats, sur Wentworth Place, contient des objets ayant appartenu au poète du temps où il y habitait. Pendant les deux ans qu'il y vécut, il composa quelques-unes de ses œuvres les plus célèbres, dont l'*Ode au rossignol.*
Après une promenade sur la lande, vous pourrez vous détendre agréablement en prenant un verre dans l'un de ces fameux pubs de Hampstead : le Flask dans Flask Walk (le « Flacon », qui rappelle le temps où Hampstead possédait une source d'eau minérale), le Jack Straw's Castle, d'où l'on découvre un beau point de vue et qui tire son nom d'un chef d'une jacquerie paysanne, Spaniards Inn (l'auberge des Espagnols) qui aurait été fréquentée par Dick Turpin, le bandit de grand chemin du XVIIe siècle.

Hampstead Heath. Du haut de la colline, on voit très bien Londres jusqu'aux Surrey Downs. Les Londoniens adorent cette lande, et ils viennent y passer la journée au milieu des arbres et des étangs. Les activités possibles ne manquent pas : jogging, natation, pêche, équitation, bicyclette, voile ou cerf-volant. On peut aussi simplement regarder les autres s'amuser (voir **Parcs et jardins**).

Hampton Court. George II fut le dernier monarque britannique à y résider, mais c'est peut-être le plus beau de tous les palais de la Couronne (voir EXCURSION 1)

Hyde Park. Le plus renommé et le plus fréquenté des parcs royaux. Avec le parc contigu de Kensington Gardens, il couvre quelque trois cents hectares qui furent jadis les terrains de chasse préférés du roi Henri VIII. C'est au XVIIe siècle qu'il fut ouvert au public pour la première fois. Vous pouvez vous promener autour du lac Serpentine ou dans Rotten Row (allée cavalière). Le dimanche, rendez-vous au Speakers' Corner (Mo : Marble Arch), près du site des anciens gibets de Tyburn (la foule y assistait à des pendaisons sur les berges de la Tyburn, aujourd'hui comblée). De nos jours, les foules sont attirées par des spectacles moins horribles : des orateurs, montés sur des tribunes improvisées, expriment leurs opinions sur les questions du jour. On y

trouve aussi la Serpentine Gallery (petite collection d'art moderne), le Lido, des canots à louer (de mars à octobre), des courts de tennis et un golf miniature. En été, il y a régulièrement des concerts à l'heure du déjeuner dans les kiosques à musique (voir **PARCS**).

Incendie. Le Grand Incendie de Londres débuta accidentellement à Pudding Lane, dans la nuit du 2 septembre 1666. Il ravagea les 4/5 de la City durant quatre jours. La cathédrale St Paul, 89 églises, 13200 maisons, 400 rues furent détruites !

Johnson (Samuel), 1708-1784. Écrivain, lexicographe, homme d'esprit et sage, Samuel Johnson vécut à Gough Square pendant les huit années où il travailla à son célèbre dictionnaire de la langue anglaise. On peut visiter sa maison.

Kensington. Beau quartier résidentiel et élégant, Kensington propose au visiteur beaucoup d'activités et de distractions. South Kensington abrite des musées importants : le Victoria and Albert Museum*, le Science Museum*, le musée d'Histoire naturelle et le musée de Géologie, le Collège impérial des sciences et techniques. Les magasins vont de la magnificence de Harrods, dans Brompton Road, aux antiquaires de Kensington Church Street et aux éventaires à la mode de Kensington Market dans High Road. En espaces verts, le quartier compte Kensington Gardens (voir **PARCS**) et Holland Park, dont les beaux jardins entourent Holland House. De nombreuses expositions intéressantes ont lieu dans le Commonwealth Institute.

Kew. Les amateurs d'arbres, d'arbustes et de fleurs doivent visiter ces magnifiques jardins (voir **EXCURSION 1**).

Knole. Comme beaucoup de maisons Tudor, celle-ci fut convoitée par Henri VIII et confisquée à son propriétaire Thomas Cranmer. Depuis quatre siècles, elle appartient à la famille Sackville, qui a créé un magnifique parc toujours ouvert. La maison contient une belle collection de meubles, tapisseries, tapis et draperies. Trains de Charing Cross à Sevenoaks, puis autobus.

Leicester Square. Ce square, dessiné en 1665, fut très vite connu comme terrain de duels. Il devint jardin public en 1874. Les statues du parc comptent un buste de Shakespeare et un autre du peintre et graveur anglais William Hogarth (qui vécut tout près). On y a joint récemment une statue en bronze de Charlie Chaplin par John Doubleday. L'association avec le monde du spectacle se poursuit avec la présence de quatre vastes cinémas, de l'Empire Ballroom et, à côté, du cabaret Talk of the Town. C'est aussi là que se trouve le guichet de vente des billets de théâtre à prix réduits.

London Bridge. Jusqu'en 1749, ce fut le seul pont sur la Tamise à Londres. Il fut démantelé de 1968 à 1971 et reconstruit à Lake Havasu City, en Arizona, États-Unis.

Mayfair. Il est difficile d'imaginer aujourd'hui qu'un endroit si élégant ait jadis été le théâtre de violentes bagarres et un lieu de perdition. Les choses allèrent même si mal que la Foire de mai (May Fair), qui donna son nom au quartier, fut interdite par un décret royal au XVIIIe siècle. De nos jours, on assimile le quartier aux beaux magasins d'Oxford Street et de Bond Street, ainsi qu'à l'élégante Burlington Arcade (où circulent encore des gardes en haut-de-forme), le premier « centre commercial » en Angleterre (1819). Il existe des boutiques encore plus distinguées dans la zone piétonne de South Molton Street. On peut s'habiller très élégamment (il faut y mettre le prix) chez l'un des nombreux tailleurs de Savile Row. Les hôtels et casinos de Park Lane sont connus dans le monde entier mais, si vous souhaitez passer une soirée décontractée, vous trouverez de nombreux snacks et restaurants dans les ruelles et passages autour de Shepherd Market.

Monument (The). Christopher Wren* a dessiné cette colonne pour commémorer le Grand Incendie de 1666. Ses 61 mètres de hauteur représentent la distance qui le sépare de l'emplacement de la boulangerie de Pudding Lane où le feu prit naissance. On monte par l'intérieur jusqu'au sommet, où l'on est récompensé par la plus belle des vues sur la City (dont la silhouette a davantage changé depuis trente ans que pendant les deux cents ans qui ont précédé).

Museum of London. C'est le musée par excellence de ceux qu'intéresse l'histoire de Londres et de sa vie sociale depuis son origine jusqu'à la ville du XIXe siècle que nous dépeignent les romans de Dickens*. Cet édifice, ouvert au public en 1976, est situé tout près du Barbican Centre. On peut y voir notamment le carrosse utilisé chaque année pour la procession du Lord-Maire (voir MUSÉES 2).

National Gallery. La National Gallery est créée en 1824 avec l'achat par l'État de trente-huit toiles. Modeste début si l'on songe qu'elle réunit aujourd'hui plus de deux mille peintures et qu'elle possède le plus important fonds d'art européen au monde, depuis les débuts de la Renaissance italienne jusqu'aux impressionnistes français du XIXe siècle (la Tate Gallery abrite les œuvres contemporaines de l'art britannique et européen). Le musée occupe son actuel emplacement depuis 1838, où il a remplacé d'anciennes écuries royales, du côté nord de Trafalgar Square. Le bâtiment et les collections se sont développés parallèlement. Le dôme ne fut ajouté qu'en 1870, et le dernier agrandissement (celui du nord-est) date de 1976. Les projets ultérieurs d'extension se sont heurtés à des critiques virulentes, et leurs mérites architecturaux ont donné lieu à des débats. Il y a régulièrement des visites guidées ainsi que des conférences et des projections vidéos (voir MUSÉES 3).

Nelson (Horatio), 1758-1805. Remarquable amiral et l'un des grands héros de la nation. Il trouva la mort à la bataille de Trafalgar après avoir mené la victoire britannique qui détruisit la flotte française, empêchant ainsi Napoléon d'envahir l'Angleterre. Tout Trafalgar Square* lui est consacré. Le musée Madame Tussaud (voir MUSÉES 1) présente un tableau visuel et sonore de la bataille et de la mort de Nelson. D'autres souvenirs sont exposés au musée de la Marine dans le parc de Greenwich.

Palais de Westminster. L'immense édifice de style gothique qui borde la Tamise est théoriquement le nouveau palais de Westminster, l'ancien palais (résidence des souverains du XIe au XVIe siècle) ayant été détruit en 1034 dans un formidable incendie. Westminster Hall (qui échappa à l'incendie) fut le lieu de réunion du Grand Conseil des monarques médiévaux jusqu'en 1547, puis il devint le siège des Communes. Une partie des cloîtres, St Stephen's Hall et la crypte résistèrent également au feu et furent incorporés au nouveau Parlement (Houses of Parliament), conçu et bâti par Charles Barry et son assistant Pugin entre 1840 et 1860. Le porche sous la tour Victoria, à l'angle sud ouest, est celui qu'emprunte le souverain pour pénétrer dans l'édifice lors de l'ouverture de la session parlementaire. La tour de l'Horloge, au nord, abrite « Big Ben »*, cloche célèbre pour son exactitude et la personnalité de son carillon. Elle fut coulée en 1858 et pèse 13 tonnes. La Chambre des lords possède une majestueuse salle gothique aux banquettes de maroquin rouge. La Chambre des

communes fut détruite par les bombardements de 1941 et rebâtie en style quasi gothique par Gilbert Scott. De la tribune du public, vous pourrez assister aux questions orales au Premier ministre, les mardis et jeudis après-midi, et à dix heures chaque matin observer les députés discutant des projets de lois. Le porche St Étienne (St Stephen) donne accès à Westminster Hall, et des marches conduisent à la crypte où les parlementaires peuvent faire célébrer leur mariage et baptiser leurs enfants. D'autres salles du palais logent les bureaux et les commissions ainsi qu'une magnifique bibliothèque, également conçue par Pugin (ces salles sont fermées au public). Voir **CURIOSITÉS TOURISTIQUES** .

Parlement. Voir **Palais de Westminster**.

Pepys (Samuel), 1633-1703. Presque tous les détails vécus que nous connaissons sur la peste de 1665 et l'incendie de 1666, nous les devons à ce chroniqueur scrupuleux, qui a tout noté dans son journal, de 1660 à 1669.

Piccadilly Circus. Célèbre point de repère londonien et carrefour très animé, au confluent de Piccadilly, Regent Street, Shaftesbury Avenue et Coventry Street. Le terme « Piccadilly » vient de « pickadil », sorte de col empesé à la mode au XVIIe siècle et vendu par un marchand du quartier (« circus » signifie « rond-point »). La nuit, ses enseignes lumineuses brillent de tous leurs feux, éclairant des foules de noctambules qui vont passer la soirée dans le West End. Au centre se dresse un monument dédié à la mémoire du comte de Shaftesbury (1801-1885, philanthrope et réformateur), monument surmonté d'une statue de bronze censée représenter l'ange de la charité chrétienne, mais couramment surnommée Éros, dieu de l'amour dans la Grèce antique.

Regent's Park. Entouré par les splendides rangées de maisons de Park Crescent, Park Square, York Terrace, Chester Terrace et Cumberland Terrace, Regent's Park est encore tel que John Nash, architecte de Georges IV, l'a dessiné en 1820. Le périmètre extérieur suit la circonférence de Regent's Park, depuis le Grand Union Canal et les jardins zoologiques au nord jusqu'à Clarence Gate et Park Square au sud. Le cercle intérieur donne accès aux Queen Mary's Gardens où, les soirs d'été, on joue des pièces de Shakespeare dans un théâtre de plein air. Les visiteurs du parc peuvent louer un bateau ou, allongés sur une chaise longue, observer les oiseaux (voir **Parcs et jardins**).

Richmond Park. Ce parc est le plus grand de tous les parcs royaux. Il est tellement vaste que l'on peut toujours trouver un coin isolé pour regarder les biches, se promener à cheval, marcher ou simplement s'étendre dans l'herbe (voir **Parcs et jardins**).

Runnymede. Dans un pré proche de la Tamise, non loin d'Egham dans le Surrey, une colonne de granite protégée par un dôme indique l'emplacement où fut signée la *Magna Carta* (Grande Charte d'Angleterre, imposée au roi Jean Sans Terre par les barons pour garantir les privilèges féodaux), en 1215. Trains depuis Waterloo ou Paddington ou bus de la Green Line Bus.

Science Museum. Fondé en 1856, mais n'occupant ses actuels bâtiments que depuis 1928, le musée des Sciences attire chaque année

plus de trois millions de visiteurs. Le rez-de-chaussée illustre le développement de la force motrice dans l'histoire, en montrant notamment des locomotives à vapeur, la *Rocket* de Stevenson (1829) et le superbe *Caerphilly Castle* (1923), qui évoquent admirablement l'âge de la vapeur. Il y a aussi une section consacrée à l'histoire de la route et du rail et à l'exploration spatiale. La Children's Gallery permet aux enfants de faire des expériences scientifiques ou de jouer avec des maquettes. Ils peuvent ainsi acquérir des notions de métallurgie, de sidérurgie ou de travail du verre, ou encore, au premier étage, s'initier à l'informatique. Le second étage offre une belle collection de modèles réduits de bateaux et présente des sections sur la chimie, les ordinateurs et la physique nucléaire. L'histoire médicale, les grandes inventions, la photographie et l'industrie cinématographique occupent le troisième étage à côté de la National Aeronautical Gallery, au plafond de laquelle sont suspendus des avions qui furent célèbres. Aux quatrième et cinquième étages enfin, le captivant Wellcome Museum de l'histoire de la médecine (voir **ENFANTS**).

Soho. Le quartier s'étend de Regent Street à Charing Cross Road et d'Oxford Street à Shaftesbury Avenue. Les sex-shops, saunas et spectacles osés sont aujourd'hui largement remplacés par des cafés, des restaurants et des boutiques. Visitez Soho Square (XVIIe siècle), au nord d'Oxford Street, près de la station de métro Tottenham Court. Au sud du square se trouve Greek Street, qui abrite l'un des bâtiments les plus intéressants du quartier, la maison Saint-Barnabé (mer. : 14h30-16h15, jeu. : 11h-12h30), institution charitable fondée en 1846. De l'autre côté de Shaftesbury Avenue s'étend, sur les deux rues de Gerrard Street et de Lisle Street, le petit quartier chinois débordant de vie avec ses restaurants et ses boutiques orientales. Découvrez aussi le charmant cimetière de Sainte-Anne, dominé par une belle tour, seul vestige de l'église bombardée pendant la seconde Guerre mondiale. Les rues les plus typiques de Soho sont Dean Street, Old Compton Street, Poland Street, Berwick Street et Brewer Street avec leurs restaurants français, italiens et allemands, leurs pubs typiques, leurs épiceries anciennes et leurs boucheries traditionnelles. Wardour Street est la rue des compagnies de production cinématographique. Au nord-ouest de Soho, Carnaby Street, qui fut le centre de la mode dans les sixties, a été réaménagée en une rue piétonne très commerçante.

St Paul's Cathedral. Ce chef-d'œuvre de Christopher Wren* est la troisième église à avoir été bâtie sur ce même emplacement (1675), mais elle fut la première église d'Angleterre à être surmontée d'un dôme (Wren s'inspira de Saint-Pierre de Rome). A l'intérieur, on peut voir les monuments consacrés au duc de Wellington*, à lord Leighton, à Samuel Johnson* et à Joshua Reynolds. Elle se distingue par son chœur, qui comprend un orgue magnifique et de splendides stalles sculptées par Grinling Gibbons en 1690. Dans l'aile sud du chœur se dresse le monument au poète métaphysicien John Donne, doyen de St Paul de 1620 à 1631. C'est la seule statue de la vieille cathédrale à avoir survécu au Grand Incendie de 1666. L'entrée de la crypte, située à l'angle du chœur et du côté sud du transept, contient les tombes de personnages célèbres, dont le duc de Wellington, Horatio Nelson*, Turner, Reynolds et Wren lui-même. La crypte abrite aussi le trésor du diocèse de Londres (ouvert avr.-sept., lun.-ven. : 10h-16h, sam. : 11h-16h ; oct.-mars, lun.-ven. : 10h-15h, sam. : 11h-15h). Partant du transept sud, des escaliers mènent à la galerie des Murmures (mêmes horaires que pour la crypte), d'où l'on voit les peintures murales du dôme et le chœur. C'est une vue à vous couper le souffle. Les visiteurs

peuvent aussi expérimenter par eux-mêmes un phénomène acoustique étonnant, qui permet d'entendre le plus léger chuchotement à l'autre bout de la galerie. Plus haut encore (542 marches !), la galerie d'Or permet de découvrir des panoramas impressionnants sur Londres et la Tamise (voir **ÉGLISES**).

Tamise. La Tamise a toujours joué un rôle capital dans l'histoire de Londres. Depuis le quartier nouvellement rénové des Docklands* à l'est, jusqu'aux rives paisibles de Richmond, Kingston et Barnes, le fleuve montre ses humeurs changeantes à ceux qui prennent le temps de flâner le long de ses berges. C'est de Tower Bridge, du Monument (311 marches) et de la cathédrale St Paul (627) que l'on découvre les plus beaux panoramas (voir aussi **Bateaux sur la Tamise**).

Tate Gallery. La Tate Gallery possède principalement une collection de peinture anglaise et une collection d'art moderne (de l'Impressionnisme à l'art contemporain). La peinture anglaise (British Collection) comprend des scènes champêtres de Constable, des toiles

animalières de Stubbs, de magnifiques portraits de Gainsborough et les visions apocalyptiques de Blake. Quelques-unes des toiles les plus belles de Turner ont été réunies dans un bâtiment récent, adjacent à la Tate Gallery, la nouvelle galerie Clore. L'art moderne (Modern Collection) renferme des oeuvres représentatives des grands courants du xxe siècle. La Tate Gallery organise aussi des expositions d'œuvres contemporaines. Le musée possède un excellent restaurant avec de belles peintures murales de Rex Whistler (voir MUSÉES 3, RESTAURANTS).

Tour de Londres. Depuis sa construction par Guillaume le Conquérant en 1097, elle fut successivement garnison, ménagerie, résidence royale, puis prison. C'est aujourd'hui l'une des plus grandes attractions touristiques de Londres en dépit, ou peut-être à cause, de la cruauté qui ensanglanta son histoire. La Tour est gardée par les Yeomen (connus sous le nom de « Beefeaters ») dans leurs uniformes Tudor caractéristiques. Une plaque sur la pelouse (Tower Green) porte, gravés, les noms de quelques-unes des victimes royales de la hache du bourreau sous Henri VIII. Les noms d'Anne Boleyn (1536), de Lady

Jane Grey (1554) et du comte d'Essex (1601) font partie de ce noble et sinistre catalogue. La Bloody Tower (tour sanglante), construite au XIVe siècle, contient la chambre où les « Petits Princes » auraient été étouffés par leur oncle Richard III. La chapelle St Peter ad Vincula contient les restes de nombreuses victimes de la Tour. Les joyaux de la Couronne sont présentés dans la salle des coffres, sous la caserne Waterloo, quartier général des Royal Fusiliers. On y voit la couronne de saint Édouard, réalisée en or pour le couronnement de Charles II (1662) et toujours utilisée pour les couronnements, et le fameux diamant Koh-i-Noor (106,5 carats) offert à la reine Victoria en 1850 par l'armée du Pendjab (voir **CURIOSITÉS TOURISTIQUES**).

Tower Bridge. L'un des monuments les plus photographiés de Londres, cet énorme pont-levis fut construit de 1886 à 1894 . Une passerelle vitrée relie les deux tours gothiques et ouvre au regard de merveilleuses perspectives sur le fleuve (voir **CURIOSITÉS TOURISTIQUES**).

Trafalgar Square. Dessiné de 1829 à 1841 par sir Charles Barry, c'est la place la plus célèbre de Londres. La colonne Nelson, due à William Railton (1843), mesure plus de 51 m de haut. La colossale statue de Nelson fut sculptée par E. H. Bailey. Les quatre lions couchés furent dessinés par sir Edwin Landseer (1868) et les deux fontaines par sir Edwin Lutyens. Au nord se dresse le fronton de la National Gallery, derrière la statue de bronze de Jean II. L'église classique de St Martin-in-the-Fields (1721-1726), église paroissiale du souverain, se dresse à l'angle nord-est. On la doit à James Gibbs (voir **ÉGLISES**, **CURIOSITÉS TOURISTIQUES**).

Victoria (reine), 1819-1901. Premier monarque à vivre au palais de Buckingham, la reine Victoria a inauguré une tradition que la famille royale anglaise a respectée jusqu'à aujourd'hui. Pendant les soixante-trois ans de son règne, Londres est devenu le centre du plus grand empire de l'histoire du monde (voir Albert*).

Victoria and Albert Museum. Ce musée abrite des collections extraordinairement riches et diversifiées dans les domaines des beaux-arts et des arts décoratifs. Peintures, céramiques, textiles, tapis, costumes, bijouterie, verrerie, tissus sont présentés dans un labyrinthe

de galeries. Les objets sont classés en collections principales par style, époque et pays, et en collections spécialisées, par catégories d'objets. Il faut au moins une journée pour se faire une idée de toutes ces richesses. Et l'on y trouve aussi des œuvres de l'art médiéval, européen et islamique, de somptueuses tapisseries gothiques, des objets asiatiques, des dessins de Raphaël (1515-1516), de l'artisanat anglais, des meubles, des costumes et des objets domestiques depuis les tout premiers temps jusqu'au XXe siècle. Des conférences et des visites guidées sur les différents aspects des collections sont régulièrement organisées (voir MUSÉES 1).

Wallace Collection. Léguée par Lady Wallace en 1897, c'est l'une des plus importantes collections dont un simple particulier ait jamais fait don à un État. Hertford House, imposant hôtel particulier du XVIIIe siècle, abrite l'extraordinaire collection de sir Richard Wallace, particulièrement riche en peintures françaises, en meubles et en sculptures. Mais elle comporte aussi des armures et des armes orientales et européennes, des peintures anglaises, espagnoles, hollandaises et italiennes, ainsi que des bronzes de la Renaissance (voir MUSÉES 3).

Wellington (duc de), 1769-1852. Soldat de grande valeur et remarquable homme d'État, il eut son heure de gloire à Waterloo en battant les Français (1815). Au musée Wellington à Apsley House*, on aura une idée des honneurs et des dons que valut au vainqueur de Napoléon la gratitude des nations européennes et de leurs souverains. Il fut Premier ministre de 1828 à 1830.

Westminster Abbey. Consacrée en 1065 par Édouard le Confesseur (dont la tombe se trouve derrière l'autel), l'abbaye est depuis neuf siècles le lieu de tous les couronnements : son histoire se confond avec celle de l'Angleterre. L'abbaye est riche en monuments divers. Le Soldat inconnu, amené de France en 1920, est enseveli dans l'entrée. Le nord du transept comprend les tombes et les monuments funéraires de nombreux hommes d'État britanniques, parmi lesquels sir Robert Peel (1788-1850), W. E. Gladstone (1809-1898) et lord Palmerston (1784-1865). L'aile nord contient la tombe d'Elisabeth Ière. Le coin des poètes réunit les tombes de Browning, Tennyson et Masefield, le monument à la mémoire de Byron (l'abbaye ayant refusé l'inhumation, il fut enterré dans le Nottinghamshire) et d'autres, dédiés à de nombreux écrivains et artistes. La chapelle Saint-Edmond contient les tombes de Richard II et d'Édouard III. On remarquera aussi le cloître, qui date de 1298, la voûte de la chapelle Henri VII et le trône du couronnement posé sur la pierre de Scone (symbole du pouvoir écossais, pris à l'abbaye de Scone en Écosse par Édouard Ier en 1297). Ce trône fut celui de presque tous les sacres.

Whitehall. Nom de la rue qui va de Trafalgar Square au palais de Westminster et qui évoque les allées du pouvoir. Cette zone est l'artère administrative du gouvernement : elle contient tous les grands ministères, y compris le 10 Downing Street, résidence du Premier ministre, et le 11, qui héberge le chancelier de l'Échiquier (ministre des Finances). La Banqueting House, de style palladien, bâtie par Inigo Jones entre 1619 et 1622, est le seul vestige du premier palais royal de

Whitehall qui brûla en 1698. Sur le vaste plafond du grand hall, on admirera les neuf allégories peintes par Rubens. Au milieu de Whitehall se trouve l'esplanade des Horse Guards, entrée officielle des palais royaux, où veillent des sentinelles impressionnantes. Le Centre opérationnel souterrain de sir Winston Churchill pendant la seconde Guerre mondiale mérite aussi une visite (mar.-sam. : 10h-17h50. Entrée : £3 ; enfants : £1,50) (Voir CIRCUIT 1).

Windsor. Après les appartements d'apparat et les chapelles du château, allez voir les personnages de cire du musée de Madame Tussaud, qui se trouve dans la gare, ou le Guildhall, ou promenez-vous dans le grand parc (voir EXCURSION 1).

Woburn Abbey. Vous pouvez visiter la demeure des ducs de Bedford avec ses appartements d'apparat et ses inestimables toiles, ou préférer l'immense parc où des animaux vivent en liberté. Trains depuis Euston pour Leighton Buzzard, ou autobus (Green Line).

Wren (sir Christopher), 1632-1723. Avant l'avènement des gratte-ciel, la silhouette de Londres était la création de Christopher Wren. Après le Grand Incendie de 1666, il dessina pour la ville un plan quadrillé de larges rues, qui ne fut pas réalisé. Pourtant, Wren reconstruisit cinquante-six églises, dont St Paul*, mais aussi les tours de l'abbaye de Westminster, Marlborough House, le Royal Hospital, Chelsea et, à Greenwich, l'observatoire et l'École navale. On aperçoit beaucoup de ces églises depuis le sommet du Monument* que Wren fit édifier pour commémorer le Grand Incendie de 1666.

Accidents et pannes. Si vous avez un accident, échangez vos coordonnées, les renseignements sur les polices d'assurance, etc., avec l'autre personne impliquée. Les noms et adresses des témoins éventuels peuvent être utiles, et un croquis de la façon dont s'est produit l'accident peut aider à accélérer le règlement des indemnités. S'il y a un blessé, appelez la police en composant le 999. En cas de panne, les personnes qui font partie, dans leur pays, d'associations d'automobilistes affiliées à l'International Touring Alliance peuvent requérir l'aide de l'Automobile Association (AA) ou du Royal Automobile Club (RAC). Ces organismes assurent un service de dépannage 24h/24 et il revient moins cher de faire appel à eux que de prendre contact avec un garage. Utilisez les téléphones d'urgence installés sur les autoroutes à intervalles réguliers. Pour bénéficier de ces services, les non-membres doivent payer une surtaxe. Pour tous renseignements complémentaires, prenez contact avec le Royal Automobile Club, 89 Pall Mall, SW1, tél. : 839 7050 (M° : Piccadilly Circus) ou avec l'Automobile Association, Fanum House, Leicester Square, WC2, tél. : 891 1400 (M° : Leicester Square), ou avec votre Automobile Club en France.

Aéroports. Heathrow (26 km à l'ouest de Londres, non loin de l'autoroute M4) est le principal aéroport de Londres (tél. : 759 2525 pour toute information sur les vols). Il est relié au centre ville par le métro (ligne Piccadilly). Les rames circulent toutes les quatre à huit minutes de 5h30 (du matin) à minuit, et le trajet dure environ 45 minutes. La compagnie London Transport assure 24h/24 un service de cars qui vous amène dans le centre en 30 minutes ou plus d'une heure selon la circulation. Ces services de cars ont généralement pour terminus la gare routière de Victoria, mais la plupart prévoient des arrêts en différents points de la ville. Il existe aussi un service de cars de nuit (N97) entre Heathrow et Trafalgar Square. Il faut environ 45 minutes en taxi, mais le prix de la course peut atteindre £20. L'autre grand aéroport de Londres est Gatwick (42 km au sud de Londres), relié par train à Victoria Station. Le Gatwick Express part tous les quarts d'heure (toutes les heures la nuit), et le trajet dure environ 30 minutes. Il existe aussi un service régulier de cars express jusqu'à la gare routière de Victoria. Les taxis sont chers et il est recommandé de s'informer au préalable du prix approximatif de la course. Heathrow et

Gatwick sont reliés entre eux par des services réguliers de cars.
Le nouveau City Airport de Londres est proche de King George V Dock,
à 9 km à l'est du centre. Il assure actuellement des vols à destination de
Paris, Bruxelles, Amsterdam, Jersey et Guernesey (tél. : 474 5555).

Animaux familiers. En Angleterre, on aime les animaux familiers,
mais, par mesure de précaution contre la rage, les animaux (y compris
les oiseaux) sont soumis à leur arrivée dans le pays à une période de
quarantaine qui est de six mois pour les chiens et de 35 jours pour les
oiseaux. N'essayez pas d'échapper à cette obligation, car les peines
encourues sont très sévères. Les chiens ne sont généralement pas admis
dans les restaurants ni dans les magasins d'alimentation. *Where to stay
in London*, publication de l'Office du tourisme de Londres (London
Tourist Board) indique les hôtels qui n'acceptent pas les animaux (à
l'exception des chiens d'aveugles).

Antiquaires et salles de vente. Bond Street et Knightsbridge
abondent en magasins d'antiquités, mais les prix pratiqués sont très
élevés. A l'autre bout de l'échelle, les marchés londoniens proposent
souvent un bric-à-brac hétéroclite de pièces de monnaie, de timbres,
de souvenirs, etc. Y trouveront leur compte aussi bien le collectionneur
averti que le visiteur de passage (voir **Marchés** et MARCHÉS). De plus, il
existe des marchés couverts d'antiquaires et de brocanteurs dans King's
Road et Kensington High Street. Le West End est réputé pour ses salles
de ventes : Christies dans King Street, Phillips dans Blenheim Street,
Sotheby's dans New Bond Street (visites et ventes aux enchères du
lundi au vendredi de 9h à 16h30). Informez-vous sur les conditions
d'exportation des antiquités.

Assurances. Voir **Passeports et douanes, Location de voitures**.

Auberges de jeunesse. La meilleure auberge est située dans le
parc du Commonwealth Institute, Holland Park, Kensington, W8, tél. :
937 0748. Il en existe d'autres : Carter Lane, EC4, tél. : 236 2965 ;
84 Highgate West Hill, N6, tél. : 340 1831; 38 Bolton Gardens, Earl's
Court, SW5, tél. : 373 3083 et 4 Wellgarth Road, Hampstead Heath,
NW11, tél. : 458 9054. Adressez-vous à la Youth Hostels Association,
14 Southampton Street, Strand, WC2, pour des renseignements

complémentaires, ou au London Tourist Board qui vous renseignera sur ces auberges, mais aussi sur d'autres formes de logement bon marché.

Baby-sitters. Les grands hôtels proposent généralement un service de garde d'enfants ; d'autre part, les agences suivantes fournissent une garde d'enfants ou une nurse : Baby-sitters, 271 King Street, W8 (tél. : 741 5566) ; Childminders, 9 Paddington Street, W1 (tél. : 935 9763) ; Universal Aunts, 250 King's Road, SW (tél. : 351 5767). Elles se font généralement payer à l'heure (environ £2). Vérifiez les détails avant de réserver. D'autre part, Junior Jaunts, 4a William Street, SW1 (tél. : 235 4700) organise des visites de la ville pour de petits groupes d'enfants.

Banques. Les banques sont ouvertes du lundi au vendredi, de 9h30 à 15h30 (15h dans la City), et fermées le samedi, le dimanche et les jours fériés. Certaines agences du West End restent ouvertes tard dans la soirée (jusqu'à 18h ou 20h) et ouvrent le samedi matin (de 9h30 à 12h). Heathrow et Gatwick (voir **Aéroports**) assurent des services bancaires 24h/24. Les sièges londoniens des plus grandes banques anglaises sont : Barclays, 54 Lombard Street, EC3 ; Lloyds, 71 Lombard Street, EC3 ; Midland, Poultry, EC2, et la National Westminster, 41 Lothbury, EC2. La plupart des agences ont des bureaux de change (voir **Devises, Traveller's chèques et cartes de crédit**).

Bateaux sur la Tamise. L'une des meilleures manières de voir Londres est d'embarquer sur les vedettes qui circulent sur la Tamise. En été, il y a des services réguliers à partir des embarcadères de Westminster, Charing Cross et Tour de Londres. Les services vers l'aval vont à la Tour de Londres et continuent jusqu'à Greenwich et au barrage de la Tamise. En amont, il y a des services vers Kew, Richmond et Hampton Court au départ de Westminster Pier. Il existe également des croisières-déjeuners et des croisières nocturnes avec discos, attractions et dîner dansant. Pour plus de détails sur ces croisières, téléphonez au Riverboat Information Service, qui dépend du London Tourist Board (tél. : 730 4812). Le Regent's Canal et le Grand Union Canal sont des voies navigables moins connues, qui méritent une visite à pied ou une croisière paisible sur une péniche. Plusieurs compagnies organisent des excursions sur le Regent's Canal, entre Little Venice et Camden Lock, en passant par Regent's Park (tous les jours en été,

seulement le week-end en hiver). Adressez-vous à Jason's Trip, 60 Blomfield Road, W9, tél. : 286 3428 ; Jenny Wren Cruises, 250 Camden High Street, tél. : 485 4433 ; London Waterbus Company, Camden Lock, NW1, tél. : 482 2550. Il vaut mieux réserver.

Blanchisserie-teinturerie. Les grands hôtels assurent un service de nettoyage du linge. Les blanchisseries permettent de laver du linge dans la journée pour £2 environ. Les pressings proposent des services express : les prix varient selon les articles à nettoyer.

Boissons. Londres évoque deux boissons très différentes : le thé et la bière. Le thé de l'après-midi, avec sandwiches et pâtisseries, est une institution anglaise. Elle a quelque peu perdu de son importance, mais vous pouvez encore vous livrer à ce passe-temps distingué dans quelques grands hôtels ou grands magasins. On apprécie la bière dans une autre grande institution britannique · le « pub » (abréviation de « public house »). Un séjour à Londres ne saurait être complet sans une pinte de bière (à la pression), dégustée dans l'atmosphère enfumée d'un pub traditionnel (voir PUBS). Certains pubs présentent des attractions de music-hall, des spectacles de théâtre ou de la musique « live ». D'autres encore font restaurant. Les heures d'ouverture étaient autrefois

réglementées et les pubs devaient fermer l'après-midi, mais une nouvelle loi les autorise à ouvrir de 11h à 23h (22h30 le dimanche). Toutefois, tous les patrons de pub ne profitent pas de ce régime plus libéral. En règle générale, les enfants ne sont pas admis dans les pubs. Le gin, autrefois alcool national, se boit surtout dans les cocktails (gin-tonic, gin and lime). On sert de l'alcool dans les restaurants, mais toujours avec un repas.

Bus. Le réseau du London Transport (LT) couvre toute la ville et une bonne partie de la banlieue. Les bus rouges, qui desservent le centre, sont fréquents, mais souvent retardés par une circulation difficile, et ils sont bondés aux heures de pointe. Les bus circulent habituellement de 6h30 à minuit sur la plupart des lignes, et il existe de nombreux services de nuit. Les prix varient en fonction de la distance. On peut acheter son ticket dans le bus au conducteur ou au receveur, mais il existe aussi des billets spéciaux qui permettent de circuler sur tous les bus de Londres, ainsi que des cartes d'abonnement. Un plan gratuit, publié par les centres d'information du London Transport et par les Tourist Information Centres, indique les tarifs et les prix des abonnements ainsi que les numéros et les trajets des bus. Vous pouvez aussi téléphoner au Travel Information Service du London Transport 24h/24 (tél. : 222 1234).

Les Green Line Coaches desservent le Sud-Est et sont parfaits pour des excursions d'une journée hors de Londres. Principal point de départ : Eccleston Bridge, près de Buckingham Palace Road, Victoria, SW1. National Express est la principale compagnie de services de cars hors de Londres. Billets et renseignements à la gare routière de Victoria (voir **Visites de la ville, Informations touristiques**).

Camping et caravaning. Il n'existe aucun terrain de camping dans le centre et il est strictement interdit de camper dans les parcs. En revanche, les possibilités ne manquent pas dans les environs de Londres, et le London Tourist Board distribue gratuitement une liste des terrains indiquant les prix, les équipements et les heures d'ouverture.

Cigarettes et tabac. Sont vendus chez les marchands de journaux, dans les supermarchés, les bureaux de tabac, les pubs et les kiosques. Certains points de vente dans les aéroports et les gares restent ouverts tard le soir (voir **Fumeurs**).

Cinémas. Le petit cinéma local est meilleur marché que son homologue du West End, mais, en règle générale, c'est dans le West End que sortent d'abord les nouveautés. La plupart des séances commencent à 14h30 et se poursuivent sans discontinuer jusqu'à 23h, mais certaines salles ont une séance en nocturne à partir de 23h. Les « clubs » de cinéma sont réservés aux membres.

Des revues, comme *Time Out* et *City Limits*, ou les principaux quotidiens britanniques donnent tous renseignements utiles sur les programmes de cinéma, depuis les superproductions jusqu'aux films d'art et d'essai.

Climat. On parle beaucoup du temps en Angleterre, mais le pays ne connaît pas d'extrêmes de température : des hivers doux sont suivis par des printemps pluvieux et, parfois, par des étés humides. Toutefois, contrairement à une idée reçue, il arrive aux Londoniens de s'aventurer hors de chez eux sans parapluie. En fait, il est impossible de prévoir le temps qu'il fera. Mieux vaut donc emporter des vêtements chauds et des vêtements de pluie quelle que soit la saison.

Conduire. Vous pouvez conduire en Grande-Bretagne avec un permis de conduire international ou national. L'âge minimum requis est de 17 ans (16 pour une moto). On conduit à gauche et on double à droite. En l'absence d'indication particulière, la vitesse limite est de 48 km/h en ville, 112 km/h sur les autoroutes et 96 km/h sur les autres voies. Toutes les règles de la conduite automobile sont expliquées dans le Highway Code (disponible dans la plupart des librairies). Le port de la ceinture de sécurité est obligatoire pour le conducteur et pour le passager avant. Il est fortement déconseillé aux visiteurs de conduire dans Londres sans absolue nécessité. La circulation y est très difficile. Selon des chiffres récents, la vitesse moyenne y est de 13 km/h et les encombrements ont tendance à augmenter. Les axes de la capitale n'ont pas été tracés en prévision de la circulation automobile et leur plan peut troubler le conducteur étranger. Il est indispensable d'avoir une carte routière indiquant les voies à sens unique. Les stations d'essence sont fréquentes dans la proche banlieue et dans le centre. Beaucoup restent ouvertes tard, voire toute la nuit (voir **Essence**). Vous serez verbalisé si vous vous garez en stationnement interdit, par

exemple sur une double ligne jaune. Un véhicule qui gêne la circulation sur la voie publique peut être immobilisé par un sabot de Denver ou mis en fourrière. Il vous faut alors vous rendre au commissariat de police le plus proche pour payer une amende et reprendre votre véhicule (voir aussi **Accidents et pannes**, **Stationnement**).

Consulat. *France* : 24 Rutland Gate, SW7 ; tél. : 581 5292. Mᵒ : Knightsbridge.

Devises. La livre sterling (£) vaut 100 pence. Les pièces d'argent sont de 5 p, 10 p et 50 p ; les pièces de cuivre de 1 p et 2 p. La nouvelle pièce dorée d'une livre a remplacé le billet qui n'a plus cours en Angleterre. Les billets sont de £5, £10, £20, £50 et £100. Voir **Banques, Traveller's chèques et cartes de crédit**.

Drogue. La législation britannique en matière de drogue est très sévère, aussi bien pour les usagers que pour tous ceux qui voudraient importer ou distribuer de la drogue, y compris le cannabis.

Églises et cultes religieux. Les églises historiques de Londres déploient une grande richesse de styles architecturaux (voir **ÉGLISES**). Les principaux offices religieux de l'Église d'Angleterre sont célébrés le dimanche (horaires variés, voir la paroisse). Voyez aussi l'édition de samedi du *Times*. Les églises de la City célèbrent des offices à midi pendant la semaine, mais sont souvent fermées le dimanche. Des récitals de musique et d'orgue ont lieu à l'heure du déjeuner dans de nombreuses églises, parmi lesquelles St Bartholomew-the-Great, EC1, St James's, Piccadilly, W1, St Laurence Jewry, EC2, et, bien sur, St Martin-in-the-Fields, WC2. Il existe à Londres des églises de bien d'autres confessions. La mixité ethnique de la ville se reflète dans le grand nombre de ses temples hindous et sikh et de ses mosquées (la plus grande d'entre elles se trouve à Regent's Park).
Église d'Angleterre : St Paul's Cathedral, EC4 ; Westminster Abbey, SW1 ; Southwark Cathedral, SE1 ; St Martin-in-the-Fields, Trafalgar Square, WC2. *Église d'Écosse* : St Columba's, Pont Street, SW1. *Église catholique* : Westminster Cathedral, Ashley Place, Victoria Street, SW1 ; Brompton Oratory, Brompton Road, SW7 ; Church of the

Immaculate Conception, Farm Street, Berkeley Square, W1. *Église baptiste* : Bloomsbury Central, Shaftesbury Avenue (New Oxford Street), W1. *Église méthodiste* : Central Hall, Westminster, SW1. Society of Friends : Friends' House, Euston Road, NW1. *Église grecque orthodoxe* : 184, Marc Street, E8. *Islam* : The Mosque, Regent's Park, NW1. *Religion juive* : West London Synagogue, 34 Upper Berkeley Street, W1 ; Central Synagogue, Great Portland Street, W1.

Électricité. L'alimentation électrique normale est en 220-240 V. Les prises sont à trois fiches à section carrée, les fusibles de trois, cinq et treize ampères. Les personnes qui apportent avec elles des appareils électriques peuvent avoir besoin d'adaptateurs (qu'on trouve dans les boutiques d'aéroport, ainsi que dans la plupart des magasins de matériel électrique).

Enfants. Pour tous renseignements concernant les activités pour enfants dans l ondres, téléphonez au London Tourist Board's Kidsline (tél. : 222 8070, de 16h à 18h du lundi au vendredi, et de 9h à 18h pendant les vacances scolaires) ou consultez leur publication *Children's London* (£2,25).

Essence. Il existe trois qualités d'essence, correspondant à des indices d'octane différents : Four Star, Three Star et Two Star (équivalent de l'ordinaire).
On trouve de l'essence sans plomb presque partout. La plupart des stations d'essence sont en self-service, mais les instructions sur les pompes sont faciles à comprendre.

Excursions et voyages organisés. Situé au centre d'un vaste réseau ferroviaire et routier, Londres est le point de départ idéal pour des excursions d'une journée, d'un week-end ou d'une semaine dans la campagne et les villes environnantes. Le British Travel Centre, le Victoria Coach Station ou les agences de voyages vous donneront des idées et vous renseigneront (voir EXCURSIONS et **Informations touristiques**).

Expositions et foires commerciales. De très importantes foires-expositions se tiennent à Londres dans les endroits suivants :

Earl's Court Exhibition Centre, Warwick Road, SW5 (M° : Earl's Court) ; Olympia, Hammersmith Road, Kensington, W14 (M° : Olympia) ; Wembley Exhibition Hall (M° : Wembley Park ou gare/M° : Wembley Central) ; Alexandra Pavilion (gare : Alexandra Park et service de navette pendant l'exposition).

Fêtes légales. Noël et le vendredi Saint. Bank Holidays : 1er janvier, lundi de Pâques, 1er mai, lundi de Pentecôte, dernier lundi d'aôut et 26 décembre.Si l'une de ces fêtes tombe un samedi ou un dimanche, le lundi suivant est alors férié.

Fumeurs. Il est interdit de fumer dans le métro (y compris dans les couloirs) et dans les bus, sauf à l'étage supérieur des bus à impériale. Les trains britanniques ont des compartiments fumeurs et non fumeurs clairement indiqués. S'abstenir de fumer tend à devenir la règle dans les restaurants, les cinémas, les musées et, en fait, dans tous les lieux publics (voir **Cigarettes et tabac**).

Guides. Le London Tourist Board (office du tourisme) propose les services de guides (voir **Informations touristiques**) ; par ailleurs, diverses associations organisent des circuits à pied. S'adresser à London Walks (tél. : 441 8906), Discovering London (tél. : 0277 213704) et Citysights (tél. 739 2372).

Handicapés. Certains musées, théâtres et restaurants sont équipés pour accueillir les handicapés, mais il est préférable de téléphoner préalablement pour s'en assurer. Le guide Nicholson, *Access in London*, fait autorité en la matière. Vous pouvez aussi téléphoner à Artsline, service de conseils pour handicapés à Londres : (01) 388 2227/8 (lun.-ven. : 10h-16h, sam. : 10h-14h).

Hôtels. La plupart des meilleurs hôtels, et des plus chers, se trouvent à l'ouest et au sud-ouest de la ville. On trouve des hôtels plus modestes, mais confortables, dans les quartiers de Victoria, Kensington, Bayswater et Bloomsbury. En matière de logement, la demande dépasse l'offre et, en haute saison (mai-septembre), il est impératif de réserver (par écrit ou par téléphone). Les prix varient beaucoup selon la qualité, le quartier et le moment de l'année, allant de £30 à plus de £400 par nuit pour une chambre à deux personnes, breakfast compris. Les notes d'hôtel incluent la TVA et le service. Vérifiez que tout est compris, que des suppléments cachés ne se glissent pas dans votre note pour la faire grimper en fin de séjour. Les pensions (ou « Private Hotels ») varient en qualité et en prix et sont habituellement complets bien avant la haute saison. Les meilleurs sont dans Bayswater, Kensington (Earl's Court), Bloomsbury, et ils sont particulièrement nombreux autour des grandes gares. Si vous n'avez pas fixé de lieu de séjour, prenez contact avec le bureau d'hébergement (« accommodation service ») du London Tourist Board (LTB) ou du British Travel Centre (voir **Informations touristiques**). Le LTB publie aussi une documentation utile : *Where to stay in London* (Où loger à Londres), où les hôtels sont notés de 1 à 5 couronnes (les établissements les plus modestes sont indiqués par le mot « listed »). Il existe des bureaux de réservation d'hôtels dans les gares Victoria, Waterloo et Liverpool et à l'aéroport d'Heathrow. Beaucoup d'agences de location peuvent aussi vous réserver une chambre : Hotel Booking Service, 13 Golden Square, W1, tél. : 437 5052 ; Hotelguide, 8 Charing Cross Road, SW1, tél. : 836 5561 ; Hotel Reservation Centre, 10 Buckingham Palace Road, SW1, tél. : 829 1849. Voir aussi **Camping et caravaning, Auberges de jeunesse**).

Informations touristiques. Le principal office de tourisme de Londres (London Tourist Board ou LTB) donne sur la cour de la gare Victoria, SW1 (Pâques-oct. : 9h-20h30 t.l.j. ; nov.-Pâques : lun.-sam. : 9h-19h, dim. : 9h-17h). On peut se procurer gratuitement des prospectus et des plans, ou y réserver une chambre d'hôtel. Le LTB vend aussi des billets de théâtre et des tickets pour des excursions ou des voyages ; il tient à la disposition des visiteurs un annuaire des guides officiels (« blue badge ») formés et agréés par le LTB. Pour plus de détails, s'adresser à LTB Head Office, 26 Grosvenor Gardens, SW1, tél. : 730 3450. Vous pouvez également lui faire part de vos réclamations (par écrit) concernant les hôtels, etc.
Voici les autres offices du tourisme de Londres : Harrods (4e étage), Knightsbridge, SW1 (Mo : Knightsbridge) ; Selfridges (sous-sol), Oxford Street, W1 (Mo : Marble Arch, Bond Street) ; Heathrow Airport, station de métro des terminaux 1, 2 et 3 (9h-18h t.l.j.).
Autres organismes : City of London Information Centre, St Paul's Churchyard, EC4, tél. : 606 3030 (lun.-ven. : 9h30-17h, sam. : 9h30-

12h. M^o : St Paul). Le British Travel Centre, 12 Regent Street, SW1 (lun.-ven. : 9h-18h30, sam.-dim. : 10h-16h. M^o : Piccadilly Circus) réunit les services d'un office de tourisme et ceux des chemins de fer britanniques : billets et réservations de train, places de théâtre, tickets de visites organisées, réservations de chambres d'hôtel. Il y a un bureau de change et le personnel est polyglotte.

Journaux et magazines. Il y a trois sortes de journaux anglais : les quotidiens populaires comme le *Sun* ou le *Star* et des journaux dominicaux comme *News of the World* ou *Sunday Sports,* qui exploitent surtout le sexe et le sensationnel. A l'autre bout de la gamme, les journaux sérieux (plein format) : *The Times* et *The Daily Telegraph* (tendance droite), *The Guardian* (tendance gauche) et *The Independent* ; également des journaux du dimanche de qualité comme *The Observer* ou *The Sunday Times.* Au milieu, les tabloïds comme *The Daily Mirror, The Daily Express* et *Today* qui gardent un équilibre entre les nouvelles sérieuses et les sujets frivoles sur la famille royale et les stars des feuilletons de télévision. *The Evening Standard* est le seul quotidien londonien du soir : il couvre bien ce qui se passe dans la capitale. Il est intéressant aussi de feuilleter les hebdomadaires comme *Time Out* (bonnes critiques d'art), *City Limits* (plus radical), *What's On* et *Where to Go* (renseignements détaillés sur les spectacles). Dans le centre de Londres, de nombreux kiosques à journaux vendent des journaux américains et continentaux. Voici quelques adresses bien fournies en presse étrangère : 118 Fleet Street, EC2 ; 104-106 Long Acre, WC2 et 48 Old Compton Street, W1

Location de bicyclettes et de motos. Un moyen idéal de voir Londres malgré la circulation intense ! Garez convenablement votre moto et n'oubliez pas l'antivol. Le permis de conduire est indispensable pour la location d'une moto. Beaucoup d'agences ne louent qu'aux personnes de plus de 21 ans. Tarifs à la journée : bicyclettes à partir de £3 ou £4, vélomoteurs à partir de £10,95, motos à partir de £19,95. Tarifs réduits pour une location hebdomadaire. Bike UK Ltd, Lower Robert Street, WC2, tél. : 839 2111 (M^o : Covent Garden) ; Chelsea Bicycles, 13/15 Park Walk, SW10, tél. : 352 3999 (M^o : South Kensington) ; Dial-a-Bike, 18 Gillingham Street, SW1, tél. : 828 4040 (M^o : Victoria) ; On Your Bike, 52/54 Tooley Street, SE1, tél. :

378 6669 (M° : London Bridge) ; Porchester Cycles, 8 Porchester Place, W2, tél. : 723 9236 (M° : Marble Arch) ; Scootabout, 59 Albert Embankment, SE1, tél. : 582 0055 (Gare/M° : Vauxhall).

Location de voitures. La plupart des grandes sociétés de location ont des agences dans les aéroports et dans certaines gares. L'âge minimum exigé varie selon les sociétés, mais, en règle générale, le conducteur doit avoir plus de 21 ans et posséder son permis depuis au moins un an. L'agence vous conseillera sur l'assurance à souscrire. Le London Tourist Board (LTB) publie une liste gratuite de toutes les agences londoniennes de location de voitures enregistrées auprès de ses services. Les pages jaunes de l'annuaire du téléphone (disponibles dans les bureaux de poste) en indiquent d'autres (voir **Conduire**).

Manifestations annuelles. *Janvier* : International Boat Show (Salon nautique) à Earl's Court. *Février* : Nouvel An chinois (fête et défilé) ; Cruft's Dog Show (exposition canine de Cruft) à Earl's Court. *Mars* : course d'aviron entre les universités d'Oxford et de Cambridge ; défilé pascal à Battersea Park ; Ideal Home Exhibition (Salon des arts ménagers) à Earl's Court. *Avril* : London Book Fair (Foire du livre) au Barbican Centre ; le 21, Queen's birthday (salve de 21 coups de canon pour l'anniversaire de la reine) à Hyde Park et à la Tour ; Festival des arts de Camden, à Camden Town Hall, etc. Le 23 (la Saint-George), messe anniversaire de Shakespeare à la cathédrale de Southwark. *Mai* : ouverture du Salon d'été de la Royal Academy (jusqu'en août) ; Proms (promenades concerts) de Covent Garden, Royal Opera House ; Chelsea Flower Show (Floralies), au Royal Hospital, à Chelsea, SW3. *Juin* : Trooping the Colour (Salut aux couleurs), sur le Horse Guards Parade ; championnats de tennis sur gazon de Wimbledon, au sud de Londres. *Juillet* : City of London Festival ; Royal Tournament (carrousel militaire) à Earl's Court ; concerts-promenades de Henry Wood au Royal Albert Hall ; Powerboat Racing (courses de hors-bords) de Tower Bridge à Calais et retour. *Août* : carnaval de Notting Hill. *Septembre* : Battle of Britain Day (anniversaire de la bataille d'Angleterre), passages d'avions sur la ville ; Autumn Antiques Fair (Foire des antiquités) de Chelsea, à l'Old Town Hall de Chelsea. *Octobre* : Royal Horse of the Year Show (concours hippique), Wembley Arena ; Trafalgar Day (office religieux et pavoisement de la colonne Nelson). *Novembre* : London to

Brighton Veteran Car Run (course de voitures de collection) ; Lord Mayor's Show (procession du Lord-Maire) dans la City ; London Film Festival, National Film Theatre, South Bank ; ouverture de la rentrée parlementaire par la reine ; le 11, Festival of Remembrance au Royal Albert Hall ; le dimanche suivant le 11, Remembrance Day Service (Dimanche du souvenir), Cenotaph, Whitehall. *Décembre* : International Show-Jumping Championships (concours hippiques), Olympia. Du 26 au 28, services religieux avec chants de Noël dans l'abbaye de Westminster, à St Paul, dans la cathédrale de Southwark et à Trafalgar Square. Fêtes du Nouvel An, le 31 à minuit dans Trafalgar Square.

Les centres d'information du London Tourist Board fournissent gratuitement un calendrier de ces manifestations (*London Events and Entertainment*). Voir **Informations touristiques**.

Marchés. Les marchés à ciel ouvert font partie intégrante de la vie londonienne. Le visiteur ne manquera pas cette expérience pittoresque, et peut-être fera-t-il en plus de bonnes affaires ! Deux des plus populaires, le week-end, sont Camden Lock sur le Regent's Canal et Petticoat Lane dans Middlesex Street. Le premier est cher. On y trouve des antiquités, des vêtements, des bijoux et des outils. Le second propose des vêtements bon marché et une multitude d'objets défiant toute description. Brick Lane, au nord de Petticoat Lane, est encore meilleur marché. En semaine, Camden Passage est un bon endroit pour les antiquités, de même que Portobello Road, où il arrive que l'on fasse de bonnes affaires. Kensington Market, dans Kensington High Street, est spécialisé dans le vêtement chic, neuf ou déjà porté.

Pour l'alimentation et les plantes, essayez Leadenhall, Gracechurch Street (M° : Bank) - un marché couvert au cœur de la City. Les grands marchés d'alimentation en gros peuvent aussi intéresser les visiteurs : Smithfield, Charterhouse Street (M° : Farringdon, Barbican) est l'un des plus grands marchés de viande au monde (fermé le samedi) ; Spitalfields, Commercial Street (M° : Liverpool Street) vend des fruits, des légumes et des fleurs ; Billingsgate sur la Isle of Dogs est le principal marché aux poissons (ligne DLR de Tower Gateway à Island Gardens). Notons cependant que l'on ne peut pas se promener tout à fait librement dans ces grands marchés qui sont réservés au gros et non au détail (voir **MARCHÉS**).

Métro. Le métro (Underground), ou le « Tube » comme on l'appelle souvent, est la manière la plus rapide et la plus facile de se déplacer dans Londres. Il fonctionne de 5h30 (le dimanche 7h30) à minuit et les services sont plus fréquents aux heures de pointe, de 8h à 9h30 et de 17h à 18h30. Dans le centre de la ville, vous n'êtes jamais à plus de quelques minutes de marche de la station la plus proche. Armé de votre plan du métro, vous n'aurez aucun mal à choisir vos itinéraires. Il y a cinq zones tarifaires, et les prix sont proportionnels au nombre de zones traversées. Avant de commencer un trajet, vous devez vous renseigner au guichet ; il existe plusieurs formules pour l'achat de tickets, de carnets de tickets ou de carte - Renseignez-vous également aux « Travel Information Centers » dans les stations de métro suivantes : Euston, King's Cross, Piccadilly Circus, Oxford Circus, St James Park et Victoria. Les organismes et agences de voyage vendent des cartes (Visitor Travelcards), qui permettent de se déplacer à volonté dans le métro et les bus londoniens.

Moyens de paiement. Voir **Banques, Devises, Traveller's chèques et cartes de crédit.**

Nourriture. Avec le *full English breakfast*, qu'on trouve dans les hôtels et les restaurants, le voyageur aura son tout premier contact avec la vraie cuisine anglaise. Ce breakfast se compose traditionnellement de saucisses, tranches de bacon et œufs frits, complétés parfois par une tomate, du boudin et même des champignons sautés. Fort heureusement pour notre santé, on trouve surtout aujourd'hui le *continental breakfast*, qui va du simple thé avec tartines grillées, au plus consistant café, croissant et confiture. En fait, la cuisine continentale l'emporte sur la cuisine anglaise traditionnelle, même si des plats typiquement anglais (renouvelés toutefois par des emprunts à la haute cuisine européenne), tels que rosbif, rôti d'agneau, pâté de pigeon, civet de lapin, boudins à la viande de bœuf et aux rognons, etc., sont récemment devenus très à la mode. Mais les restaurants spécialisés en cuisine anglaise de qualité sont souvent plus chers que les établissements équivalents servant de la cuisine continentale.
La plupart des pubs, des « hotel carveries » (restaurants servant surtout des viandes froides et des jambons) et des snack-bars bon marché servent aussi de la viande rôtie, des saucisses à la purée (*bangers and*

mash), des tourtes à la viande de bœuf (*steak pie*), des saucisses cuites au four dans de la pâte à crêpe (*toad-in-the-hole*) et autres plats anglais à des prix très raisonnables. Et, de toute façon, le traditionnel *fish 'n' chips,* consommé sur place ou enveloppé dans un journal et mangé dehors, est un délice auquel tout étranger devrait goûter (voir RESTAURANTS).

Objets perdus. Renseignez-vous auprès du commissariat de police le plus proche du lieu de la perte ou auprès du Metropolitan Police Lost Property Office, 15 Penton Street, W1 (lun.-ven. : 9h-16h. Ne pas téléphoner).
Avions : prenez contact avec la compagnie concernée. Si la perte a eu lieu dans l'aéroport, prenez contact avec la police de l'aéroport.
Bus et métro : renseignements au 200 Baker Street, W1 (lun.-ven. : 9h30-17h30. Ne pas téléphoner).
Taxis : Metropolitan Police Property Office, 15 Penton Street, W1.
Trains : renseignez-vous auprès du Lost Property Office de la gare qui correspond au lieu de la perte.

Parcs et jardins. Londres est une des capitales les plus vertes du monde. Elle possède de vastes espaces libres à Hampstead Heath, Richmond Park, Greenwich Park et Wimbledon Common (protégés avec beaucoup de zèle, ils demeurent largement naturels). Les parcs royaux du centre (Hyde Park, St James's, Green Park et Kensington Gardens), qui furent jadis des terrains de chasse royaux, sont peut-être les parcs les plus connus et les plus aimés de Londres. Il ne faut pas oublier pour autant les petits squares feuillus souvent fermés à clef, ni même les cimetières. Les parcs sont presque tous gratuits, et habituellement ouverts tous les jours de sept heures du matin à la tombée de la nuit (fermés la nuit). Le National Garden Scheme, 57 Lower Belgrave Square, SW1, tél. : 730 0359 (gare/M° : Victoria), organise des visites de jardins privés (voir **PARCS**).

Passeports et douanes. Pour entrer en Angleterre, il faut un passeport en cours de validité. Les ressortissants des États-Unis d'Amérique, du Commonwealth, d'Europe et d'Amérique du Sud n'ont pas besoin de visa. Les certificats de bonne santé ne sont exigés que pour les passagers en provenance d'Asie, d'Afrique et d'Amérique du Sud. Les séjours sont limités à six mois ; les visiteurs qui désirent rester plus longtemps doivent s'adresser au Home Office, 50 Queen Anne Gate, SW1, tél. : 213 3000.

Pharmacies. Les pharmacies sont ouvertes selon les horaires habituels des magasins (9h30-17h30). On y délivre des médicaments pour les troubles bénins ; pour les autres, sur ordonnance seulement, mais l'on y vend aussi des produits de beauté et des articles de toilette. Dans certaines très grandes pharmacies, comme Boots, on trouve aussi des disques, du matériel photo, des pellicules, etc. Les pharmacies doivent afficher l'adresse de la pharmacie de garde la plus proche. Le magasin Boots de Piccadilly Circus reste ouvert en semaine jusqu'à 20h. H. D. Bliss, 50 Willesden Lane, NW6, est ouvert 24/24.

Photos. On trouve des appareils photo dans les magasins spécialisés, dans des boutiques de matériel électrique ou de hi-fi (voir **SHOPPING**). De grands magasins, comme Underwoods et Boots, vendent du matériel photo et développent les pellicules. Partout en ville, on peut faire développer instantanément ses photos.

Plaques bleues. Vous verrez parfois des plaques bleues rondes commémorant des personnages, des édifices ou des événements célèbres. La Commission des bâtiments et des monuments historiques décerne cette distinction aux candidats dont les œuvres méritent une reconnaissance publique. Il faut aussi qu'ils soient nés au moins cent ans auparavant et décédés depuis plus de vingt ans.

Police. Les policiers de la City ont des casques particuliers et ils portent des brassards rouges et blancs (Commissariat central : 37 Wood Street, EC2, tél. : 601 2222). La police de Londres porte des brassards bleus et blancs (le commissariat central est situé à l'angle de Broadway et de Victoria Street, SW1, tél. : 230 1212).

Postes. Dans les bureaux de poste, vous pouvez acheter des timbres, envoyer des lettres et des colis. Le timbre coûte 19 p pour une lettre en courrier rapide (« first-class ») - distribuée dès le lendemain partout dans le Royaume-Uni -, et 14 p en courrier ordinaire (« second-class »). Un timbre de carte postale pour la France vaut 24 p. Les lettres en « poste restante » adressées au Chief Office (voir ci-après) seront conservées quinze jours. Une pièce d'identité est requise pour retirer le courrier en poste restante. La recette principale de Londres (London Chief Post Office) est au 24 William IV Street, WC2 (la rue donne dans Trafalgar Square), tél. : 930 9580. Gare/M° : Charing Cross. Ouvert : lun.-sam. : 8h-20h, dim. : 10h-17h. La Trafalgar Square Branch, 22-28 William IV Street, est ouverte de 8h à 20h en semaine et de 10h à 17h le dimanche. Horaires des principaux bureaux de poste : lun.-ven. : 9h-17h30, sam. : 9h-12h30 ou 13h. Dans la banlieue, les agences ferment à l'heure du déjeuner. Voir aussi **Téléphones**.

Radio et télévision. *Radio.* LBC (261 m/1152 kHz ou 97.3 MHz) : nouvelles et informations ; Capital Radio (194 m/1548 kHz ou 95.8 MHz) : bulletins d'informations, musique pop et émissions de minorités culturelles ; Greater London Radio (GLR - 94.9 MHz) : actualité et musique pop ; Radio 1 BBC (275 et 285 m/1089 kHz ou 104.8 MHz) : musique pop ; Radio 2 BBC (330 et 433 m/693 et 909 kHz et 88-90.2 MHz) : musique et reportages ; Radio 3 BBC (247 m/1215 kHz ou 90.2-92.4 MHz) : musique classique, poésie et pièces radiophoniques ; Radio 4 BBC (1515 m/198 kHz ou 92.4-94.6 MHz) : bulletins d'informations et pièces radiophoniques ; Radio London BBC (206 m/1458 kHz ou 94.9 MHz) : bulletins d'informations, questions d'actualité, musique pop et programmes de minorités culturelles. *Télévision*. BBC 1 : informations régionales, nationales et internationales, variétés, documentaires, sport, films, etc. BBC 2 : vie artistique et culturelle, questions d'actualité, etc. ITV London, partagée entre Thames TV et London Weekend Television : bulletins d'informations, variétés, sport, films, etc. Channel 4 présente un journal détaillé chaque soir à 19 h et ses programmes laissent une grande place à l'art et aux minorités.

Restaurants. Londres a de quoi séduire tous les palais : de la cuisine française ou italienne, familiale ou raffinée, aux étranges cuisines japonaise, africaine ou antillaise. Et toutes les bourses aussi. Les prix indiqués dans notre rubrique RESTAURANTS (section bleue) valent pour trois plats, café compris. Bon marché : au-dessous de £10 ; prix moyens : entre £10 et £20 ; cher : au-dessus de £20. Il y a beaucoup de restaurants à Covent Garden, Soho, dans le West End et à South Kensington. Les plus chers sont ceux de Piccadilly et de Regent Street. C'est dans Soho que l'on trouve le plus de restaurants à la fois variés, pittoresques et à des prix raisonnables. On peut aussi manger

vite et sans cérémonie dans toutes sortes de snacks, fast-foods, bars à hamburgers, boutiques à pommes de terre au four, pizzerias et bars à sandwiches. De nombreux grands magasins ont des restaurants à des prix raisonnables. La plupart des pubs et des bars à vins servent des repas à l'heure du déjeuner. Il n'existe aucun classement officiel des restaurants, mais des publications spécialisées, comme Egon Ronay, Michelin et *Time Out,* donnent en connaisseurs des conseils pour trouver le meilleur et éviter le pire. Voir **RESTAURANTS**.

Santé. Les visiteurs peuvent consulter des médecins et des dentistes du service national de Santé (NHS), mais ils devront régler les honoraires. Il est donc indispensable de contracter une assurance maladie avant de partir. Toutefois, les résidents de la CEE ou de pays bénéficiant d'accords similaires seront soignés gratuitement pour des maladies contractées au Royaume-Uni. Les soins sont gratuits dans les cas d'urgence ou pour les victimes d'accidents qu'il faut hospitaliser. Les hôpitaux suivants ont un service d'urgences qui fonctionne jour et nuit : St Bartholomew's Hospital, West Smithfield, EC1, tél. : 601 8888. M° : St Paul's(centre hospitalier). Charing Cross Hospital, Fulham Palace Road, SW6, tél. : 748 2040. M° : Hammersmith Broadway (centre hospitalier). St Thomas's Hospital, Lambeth Palace Road, SE1, tél. : 928 9292. M° : Westminster (centre hospitalier). University College, Gower Street, WC1, tél. : 387 9300. M° : Warren Street (centre hospitalier et dentaire). Moorfields Eye Hospital, High Holborn, WC1, tél. : 253 3411. M° : Holborn. Voir aussi **Pharmacies**.

Shopping. Londres est le paradis du shopping, depuis ses grands magasins, célèbres dans le monde entier, jusqu'à ses petites boutiques ultra-spécialisées. La plus grande rue commerçante est Oxford Street (nombreux grands magasins). La haute société fréquente les bijouteries et les maisons de couture de Bond Street, Piccadilly et Regent Street. Savile Row est connu pour ses tailleurs. Dans Tottenham Court Road abondent les meubles, appareils électriques et hi-fi. Quant à Charing Cross, avec ses librairies, c'est une caverne d'Ali Baba pour les bibliophiles. Les vêtements et les souliers d'enfants, exonérés de TVA, les livres, les disques et le matériel hi-fi sont intéressants. Les vêtements, en général, ne sont pas très chers, à moins de tomber sur des modèles de haute couture. Le rapport qualité-prix est également

bon sur les lainages, particulièrement chez Marks & Spencer. Hamley's, dans Regent Street, est le plus grand magasin de jouets du monde : on y trouvera des jeux et des jouets pour toute la famille. La plupart des magasins sont ouverts du lundi au samedi de 9h à 17h30. Certains grands magasins sont ouverts plus tard le mercredi ou le jeudi (19h ou 20h). Dans la City, certains magasins sont fermés toute la journée du samedi. Les visiteurs peuvent se faire rembourser la TVA sur présentation de leur passeport, mais, avant d'acheter, assurez-vous que le magasin pratique cet arrangement. Voir **SHOPPING**.

Sports. Londres a de quoi satisfaire les passionnés de tous les sports. Wembley Stadium, Wembley, Middlesex (M° : Wembley Park) : terrain de l'équipe de football de Londres où se dispute la finale de la Coupe. Sont organisées presque tous les jours des visites guidées du terrain et des coulisses. Tout à côté, Wembley Arena accueille des concours hippiques, du tennis, de la boxe et d'autres événements sportifs importants.
All-England Tennis Club, Church Road, Wimbledon, SW19 : la dernière semaine de juin et la première semaine de juillet, c'est l'époque des fraises à la crème, mais aussi, bien sûr, des championnats de tennis sur gazon de Wimbledon. Le bâtiment principal abrite le musée du Tennis sur gazon (lun.-sam. : 11h-17h, dim. : 14h-17h).
Crystal Palace National Sports Centre, Crystal Palace, SE19, accueille de nombreuses épreuves d'athlétisme ; comporte aussi une piscine olympique ouverte au public.
Lord's Cricket Ground, St John's Wood Road, NW8 : on peut y assister à des matches de cricket, ce sport britannique par excellence, par un beau dimanche d'été (un Continental a en général bien du mal à s'y retrouver !). Un musée, ouvert uniquement les jours de match, peut aider à déchiffrer les mystères de ce jeu.
La course de lévriers fait aussi partie de la vie quotidienne des Londoniens. Vous pouvez visiter un de ces champs de course le soir à Catford, Hackney, Haringay, Walthamstowe ou Wembley.

Stationnement. Les rues de Londres sont souvent embouteillées, surtout aux heures de pointe (8h-9h30 et 16h-19h). Le système de voie unique dans le centre est assez déroutant. Les voitures sont interdites dans Oxford Street, à l'exception des taxis, du lundi au samedi de 7h à

19h. Le stationnement est réglementé par des parcmètres qui acceptent les pièces de 10 p, 20 p, 50 p et £1, habituellement pour un maximum de 2 heures (lun.-ven. : 8h30-18h30 et le sam. : 8h30-13h30 ou 18h30). Le stationnement est gratuit le dimanche et, dans certains quartiers, le samedi après-midi. Pour visiter la ville, il vaut mieux se garer en dehors de Londres et utiliser les transports en commun. Hyde Park (parking à étages avec passage souterrain jusqu'à Marble Arch) est l'un des parcs de stationnement les plus commodes du centre. Pour plus de détails, adressez-vous aux National Car Parks Ltd, 21 Bryanston Street, Marble Arch, W1, tél. : 499 7050.

Taxis. Pensez aux fameux taxis noirs. On peut les héler si le signal jaune « For hire » (libre) est allumé, les prendre aux stations de taxis (devant les principales gares) ou les appeler par téléphone. La prise en charge est de 80 p minimum, à laquelle s'ajoute le prix de la course en fonction de la distance parcourue. Pour de longues distances, renseignez-vous préalablement sur le prix approximatif. Il y a des suppléments pour les bagages placés à côté du conducteur, et lorsque la course commence ou se termine entre minuit et 6 heures du matin. Il est habituel de laisser un pourboire de 10 %.

Téléphones. Il en existe dans la plupart des rues, gares, pubs, hôtels et restaurants. Les cabines acceptent les pièces de 10 p, 20 p, 50 p et £1. Des instructions précises pour composer les numéros sont affichées dans la cabine, et les pièces qui n'ont pas été utilisées sont restituées quand on repose le combiné (tél. : 100 pour le standard, 192 pour le service des renseignements et 999 pour une urgence). Un panonceau vert signale les téléphones à carte. Le prix minimum d'une carte est de £1 pour 10 unités. On peut se la procurer dans les postes, chez les buralistes et dans les magasins qui affichent l'autocollant vert des télécartes. On peut téléphoner à l'étranger depuis n'importe quel téléphone en composant le code du pays suivi du numéro de votre correspondant. En cas de difficulté, faites le 155 pour le standard international ou le 153 pour le service des renseignements internationaux. Les messages téléphoniques ont remplacé les télégrammes, et l'on peut bénéficier de ce service 24h/24 en appelant le Telemessage Operator (standard des messages téléphonés) au 190 (normalement ils parviennent à destination le jour ouvrable suivant). Il existe un service international de messages téléphonés, mais seulement pour les USA. British Telecom a un centre des communications internationales situé 1a Broadway, SW1, tél. : 222 4444 (ouvert tous les jours de 9h à 20h) pour les télégrammes, les télex et les communications internationales. Les terminaux 3 et 4 de l'aéroport de Heathrow offrent les mêmes services. Voici quelques numéros utiles : calendrier des manifestations à Londres : 246 8041 ; activités pour enfants : 246 8007 ; météo : 246 8091 ; renseignements sur les voyages : 246 8021. Voir aussi **Postes**.

Théâtres. On trouvera la liste des théâtres et leurs programmes dans les éditions londoniennes des quotidiens nationaux et dans *Evening Standard, Time Out, City Limits, What's On* et *Where to Go*. De plus, la Société des théâtres du West End (SWET) publie un guide bimensuel gratuit, *Theatre Guide*, qu'on trouve dans les hôtels, les bureaux de location et les offices du tourisme. On peut acheter ses places au guichet du théâtre ou par téléphone avec une carte de crédit. Les agences de location prennent une commission, mais elles ont souvent des places en réserve lorsque tout le reste est loué. Les étudiants peuvent obtenir des billets à prix réduit juste avant le lever du rideau (« stand-by tickets »). Le kiosque à billets du SWET dans Leicester Square (12h-14h pour les matinées, 14h30-18h30 pour les soirées) vend des billets à prix réduits et prend une petite commission. Quelques théâtres et clubs d'avant-garde exigent une adhésion préalable, mais les visiteurs peuvent s'inscrire juste avant la pièce pour une somme modique. Le guichet « Fringe » du théâtre Duke of York, dans St Martin's Lane, WC2, vend des billets pour la plupart des salles d'avant-garde. Pour les réservations par cartes de crédit, téléphonez au 379 6002. Voir **THÉÂTRES**.

Toilettes publiques. Vous les trouverez dans les grands magasins, les gares (les principales gares mettent à disposition des « super loos » avec douches, prises pour rasoir électrique et table à langer), les pubs, les restaurants et certaines grandes artères. Il existe des toilettes automatiques dans Leicester Square, Victoria Street et Soho.

Train. Les principales gares, reliées entre elles par métro et par bus, sont les suivantes : Charing Cross, terminus de la région sud ; Euston, terminus pour le Nord-Midlands, le nord du pays de Galles, le nord-ouest de l'Angleterre et l'Écosse (Glasgow) ; Fenchurch Street, terminus des régions est, y compris les Docklands ; King's Cross, terminus de l'est et du nord-est de l'Angleterre et de l'Écosse (Édimbourg) ; Liverpool Street, terminus de l'East-Anglia et de l'Essex ; London Bridge, terminus des régions méridionales ; Marylebone, terminus des régions occidentales ; Paddington, terminus de l'Angleterre de l'ouest et du sud-ouest, du Sud-Midlands et du sud de l'Écosse ; St Pancras, terminus du Nord-Midlands ; Victoria, terminus du sud et du sud-est de l'Angleterre et de Gatwick (2e aéroport de Londres) ; Waterloo, terminus de la région sud pour les services vers l'ouest de l'Angleterre. Une navette relie Waterloo aux gares de Euston, St Pancras et King's Cross. Des bus spéciaux « Red Arrow » relient aussi les gares de Waterloo et de Liverpool Street (bus 502) et celle de Waterloo et de Victoria (bus 507). En général, les trains de banlieue fonctionnent du lundi au samedi de 6h à 24h et le dimanche de 7h à 23h30. Les horaires et autres informations sont disponibles dans les gares locales ou au British Rail Travel Centre où l'on peut acheter des billets et faire des réservations : British Travel Centre, 4 Regent Street, SW1, tél. : 730 3400 (Mo : Piccadilly Circus ; lun.-ven. : 9h-18h30, sam.-dim. : 10h-16h, plus tard en été). On peut aussi acheter des billets dans toutes les grandes gares. Les prix sont fonction de la distance, mais vous pouvez bénéficier de tarifs réduits en prenant un A-R pour la journée et en voyageant aux heures creuses (lun.-ven. : après 9h30 ou à n'importe quelle heure pendant les week-ends). Les billets de première classe coutent normalement le double. On peut aussi acheter des billets qui permettent de prendre le métro. Il existe enfin toute une série de tarifs économiques qu'il est utile de connaître, surtout si l'on fait de longs trajets. Les enfants voyagent gratuitement en dessous de cinq ans et à mi-tarif de cinq à seize ans. Pour plus de détails sur le Docklands Light Railway (DLR), voir Docklands*.

Transports. S'il ne s'agit que de se déplacer dans Londres, le métro est certainement le moyen le plus rapide. Pour les itinéraires difficiles, il est plus commode, mais très cher, de prendre un taxi. Mais, si l'on veut voir la ville, c'est le bus qu'il faut prendre. Les voies navigables ne sont plus les grandes voies d'accès qu'elles étaient jadis, mais des ferries fonctionnent toujours sur la Tamise aux embarcadères de

Westminster, Charing Cross et Tower (voir **Bateaux sur la Tamise**). Sur le plan ferroviaire, les grandes gares londoniennes permettent de se rendre dans presque tout le pays (voir **Train**).

Traveller's chèques et cartes de crédit. Les traveller's chèques en livres sont acceptés dans la plupart des grands magasins, mais ceux-ci prélèvent généralement une commission. On obtient un meilleur taux de change dans les banques. Pensez à emporter votre passeport comme preuve de votre identité quand vous échangez des devises. Les bureaux de change des principales gares (Victoria, Charing Cross et Waterloo) restent ouverts tard. Attention à la commission élevée de certains bureaux de change : cherchez ceux qui sont agréés par le London Tourist Board. Les cartes de crédit (American Express, Visa International, Access, Eurocard, Diners Club) sont maintenant généralement acceptées dans les magasins, les restaurants et les distributeurs de billets pour la carte Visa.

Urgences. Chiffrez le 999 (appel gratuit) et demandez la police, les pompiers (*fire brigade*) ou une ambulance (*ambulance*). Voir (**Accidents et pannes, Santé, Vol, Objets perdus, Consulats**).

Visites de la ville. C'est du haut d'un autobus à impériale qu'on voit le mieux la ville. Le London Transport organise une visite de la ville (« The Original Sightseeing Tour ») avec départs de Piccadilly Circus, Victoria, Marble Arch et Baker Street Station. En été, il y a des bus découverts (durée de la visite : 90 mn. Prix : £5 ; enfants : £3. Tél. : 222 1234). Tous les jours de la semaine, tout au long de l'année, le LT organise également une excursion de sept heures en autocar. Prix (déjeuner compris) : £28 ; enfants : £24. Tél. : 227 3456 ; les cars partent de la gare routière de Wilton Road (près de Victoria). On peut acheter les tickets dans le car. Pour réserver ou obtenir des renseignements, adressez-vous aux centres d'information du London Transport (LT ou LTB). Culture Bus Ltd organise un circuit des meilleures attractions de Londres (durée : 2 heures. Prix : £3,50 ; enfants : £2. Tél. : 629 4999). Cityrama présente des excursions en bus découvert qui partent toutes les demi-heures de Grosvenor Gardens, Trafalgar Square et Westminster Abbey (durée : 2 heures. Prix : £5 ; enfants : £2,50. Tél. : 720 6663). Voir **Informations touristiques.**

Vie nocturne. Le West End de Londres est la capitale mondiale du théâtre (voir aussi **Théâtres**, THÉÂTRES), mais elle offre aux cinéphiles un grand choix de salles. La Royal Opera House, le Coliseum et le Sadler's Wells Theatre font le bonheur des amateurs d'opéra et de ballet ; et le Royal Festival Hall, le Barbican Centre et le South Bank (voir **CONCERTS ET BALLETS**) donnent des concerts et des récitals.

Pour ceux qui désirent seulement sortir en ville le soir, Londres compte de très nombreux pubs, bars à vins, boîtes de nuit, discothèques, cabarets, etc. Il y en a pour tous les goûts et tous les budgets (voir **VIE NOCTURNE, ROCK, JAZZ, FOLK**). La plupart des pubs ferment à 23h en semaine et à 22h30 le dimanche ; certains pubs, qui ont un petit orchestre, restent ouverts jusqu'à minuit. La plupart des discothèques et des clubs ferment à 3h, mais leurs horaires d'ouverture peuvent varier. L'âge minimum légal pour consommer de l'alcool est en principe de 18 ans, mais certains pubs ne vous serviront que si vous avez plus de 21 ans. Les prix sont variables : environ £1,20 pour une pinte de bière et 80 p pour la dose d'alcool dans un pub, et trois ou quatre fois plus dans une discothèque.